食べて、見て、知って、感じる
おかえり台湾
一歩ふみ込む二度目の旅案内
池澤春菜
高山羽根子
インプレス
JN005756
營業時間
MON-FRI
12:00-19:00
SAT-SUN
10:00-20:00
MADE IN HONG KONG

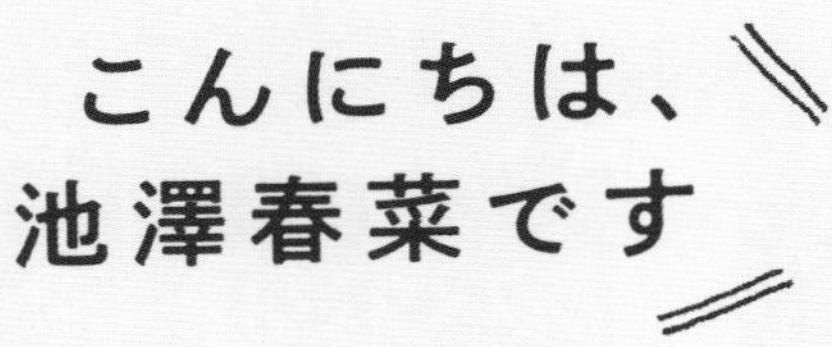

台湾に行き始めてそろそろ50回以上、もしかしたら60回近い？と話すと、
絶対に「なんで？　どこがそんなに好きなの？」と聞かれます。
いっぱいありますよ〜、美味しい食べ物、親切な人々、
わかりやすく使いやすい交通機関に街の作り、
近くて、漢字が読めて、安心安全で、懐かしくて新鮮で。
でももっと、旅行だけでは知ることができない台湾の一面にも触れたい。
今回は盟友羽根子さんと、もう一歩台湾にふみ込む旅をしてみました。
台湾をもっと好きになれる、もっとふみ込みたくなる、
そんな本になったら嬉しいです。

何度も行っている台湾、実は101にも九份にも行ったことがない。
市場や商店街の名前、おいしかったお店、かわいい小物が
売られていたお店の名前さえちゃんと覚えていない（ポンコツ……！）。
今までは、街の中でぼんやり本を読んだり、スケッチをしたりしていることが
多かったような気がする。でも博物館や美術館を回るうちに、本を読むうちに、
旅先の街を歩くのに歴史や文化を知ればもっとおもしろいはずと考えたり、
もったいないなあというふうに思ったりするようになった。
こんなポンコツの旅人が、台湾という美しい島で見てきいて考えたことが、
みなさんにとってちょっとでも楽しいものになれば。

どうも、
高山羽根子です

どうして ふたりは台湾へ!?

出会いは4年前。私が月1で作家さんをお招きしているトークショーに、羽根子さんがゲスト出演したのがきっかけ。でも、一緒にMCをしている方から、直前になって今日は行けないとの連絡が！ 初対面で2時間もお話しできるかな、と思いきや、あっという間に意気投合！

初対面は アクシデント

2017年にフィンランドで行われたSFのワールドコンでは、現地でばったり。羽根子さんは何故かずっとピカチュウの着ぐるみを着てたよね。

あれが制服です

ふたりとも旅好きなことがわかって、台湾にも一緒に行ったよ。台南や新竹、あちこち回りました。そういえばあの時も羽根子さんは原稿を抱えて、お宿に籠もっていた……。

わたしの旅の恒例で、まぁとにかく食べたこと食べたこと。やっぱりお口が多いと色々なものがいただけていいですね。
ということで……、

羽根子さん、また台湾行かない？
今度はさらにディープに、欲張りに！

ぜひぜひ～
今まで行ったことがないところ、
食べたいもの、まだまだたくさんあるし……

出発前夜…

パッキングできた？
行きたいところあれば、旅程に組み込むから
教えてね～。

美術評をしていることもあって、博物館や美
術館、気になるギャラリーたくさんありすぎ
るんですよね……日程＆時間考えたら、
あまり無理はできないけれど……むむむ

ＯＫ！ たくさんあるから片っ端から行こうｗ
ご飯はじゃあ、とっておきの美味しいところを
セレクトしておくね。あと、羽根子さんの健康
のためにお連れしたいところが……ふふふ

健康、むむむ、なかなか苦手な分野……
あ、あと、去年、台湾アニメの映画が日本でも
上映されましたよね。監督さんのエッセイも
読んでいて、気になりました。

あ、あの映画？
知り合いが繋がっているかも！
お目にかかれるか、聞いてみよう～

！！さすが春菜さん！
お話できいてみたいこと、たくさんあります！
どんな旅になるか、楽しみ……！

何回目だって、何十回目だって、やっぱりわくわくする
飛行機を降りて、台湾の街並みを見ると、
「ただいま」って言いたくなる

美味しいご飯に、可愛い雑貨、大好きな中国茶
たくさんの大好きが待っている
さらに今回はもっと知りたいこともある
台湾の建築、博物館に美術館
独立系書店にリトルプレス
勢いのある現代アートに、台湾ならではのデザイン

ふたりの好きと興味を混ぜ合わせて、
わたしたちならではの旅が出来上がりました

conduct

おかえり台湾 もくじ

まえがきとプロローグ……2

第1章 見渡せば博物館……12

Pick up
國立臺灣博物館……14
土銀展示館……17
迪化二〇七博物館……20
剝皮寮歴史街區……22

Haru Column
フラッグシップ乗ってみた！……26

第2章 通う茶藝館……30

Pick up
臺北書院……32
青田茶館……34
紫藤廬……36
南街得意……37

DIYお茶会のすゝめ……38
ポーセラーツサロン ラ・レーヌ……39

Let's Try
李亭香……42
南街得意／明星西點……45
お茶会へようこそ……46

第3章 本をうる人 …… 48
女書店 …… 50
Pick up Bookstore 1920s …… 54
小小書房 …… 56
小日子 …… 58
Haru Column Airbnb泊まってみた！ …… 62
第4章 体を癒やす …… 64
Pick up 生元薬行 …… 66
老濟安 …… 70
BRUCE健康館 …… 74
Haru Hane Column 漢方続けてみた！ …… 78
第5章 台湾アート最前線 …… 80
打開-當代藝術工作站 …… 82
Pick up 水谷藝術 …… 86
台北國際藝術村 …… 89
空場 Polymer …… 92

第6章 映画でひもとく台湾史 …… 96

Special Interview

幸福路の春菜 …… 100

宋欣穎監督スペシャルインタビュー …… 104

Hane Column

映画観てみた！ …… 112

第7章 やっぱり〝食べる〟 …… 114

Pick up

佳香點心大王 …… 116

獨特花生湯老店 …… 117

今大魯肉飯 …… 118

阿琪師小籠包 …… 119

大師兄銷魂麵舗 忠孝店 …… 120

窩窩 w o o …… 121

老罈香川味兒川菜館 …… 122

阿城鵝肉 吉林二店 …… 123

錢唐村 …… 124

我家客家小館 …… 125

COOK台湾料理のすゝめ …… 126

Let's Try

八寶辣醬 …… 127

雞火豆瓣酥 …… 128

乾煸鮮筍 …… 129

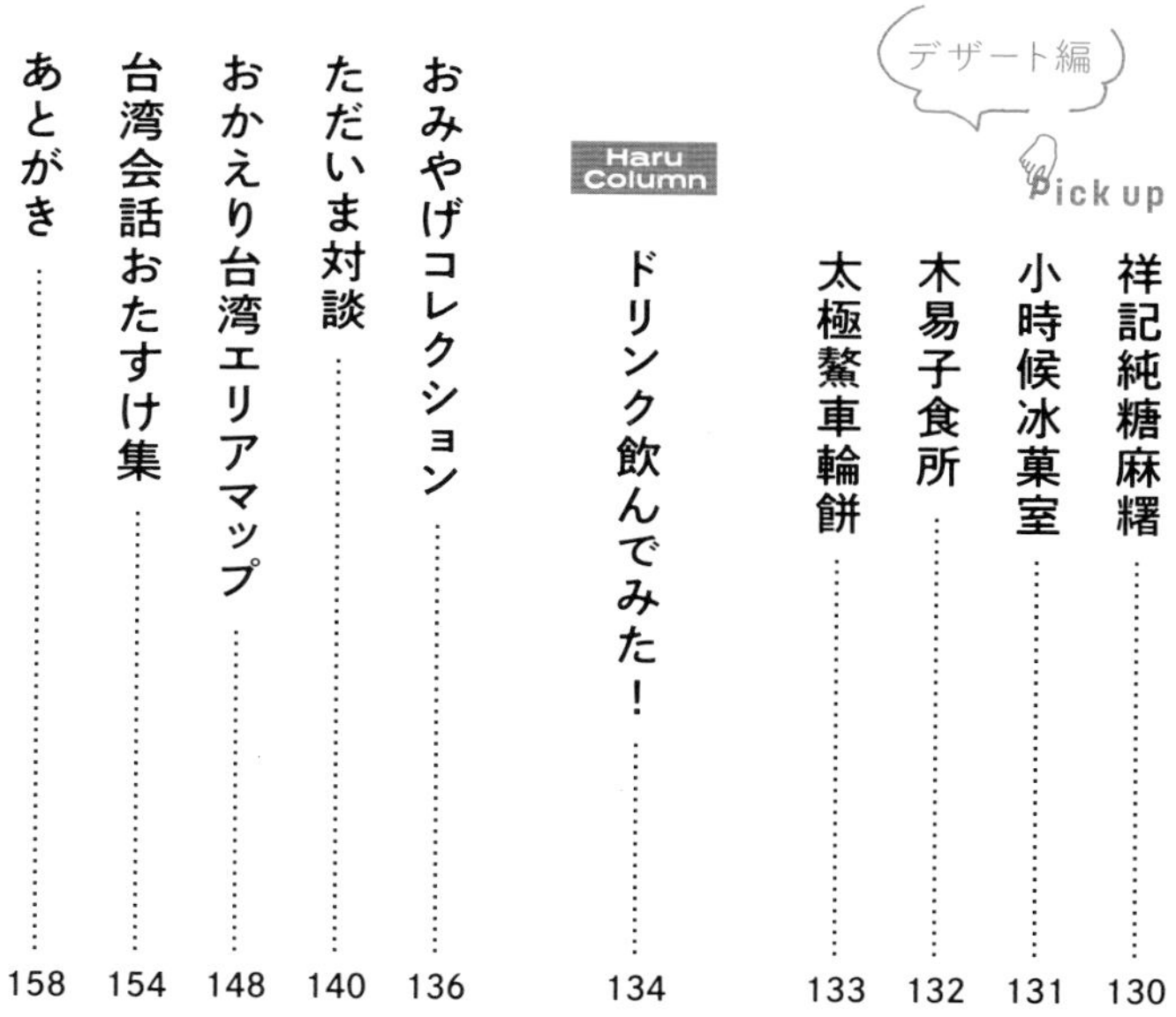

デザート編 Pick up

祥記純糖麻糬 …… 130
小時候冰菓室 …… 131
木易子食所 …… 132
太極鰲車輪餅 …… 133

Haru Column
ドリンク飲んでみた！ …… 134

おみやげコレクション …… 136
ただいま対談 …… 140
おかえり台湾エリアマップ …… 148
台湾会話おたすけ集 …… 154
あとがき …… 158

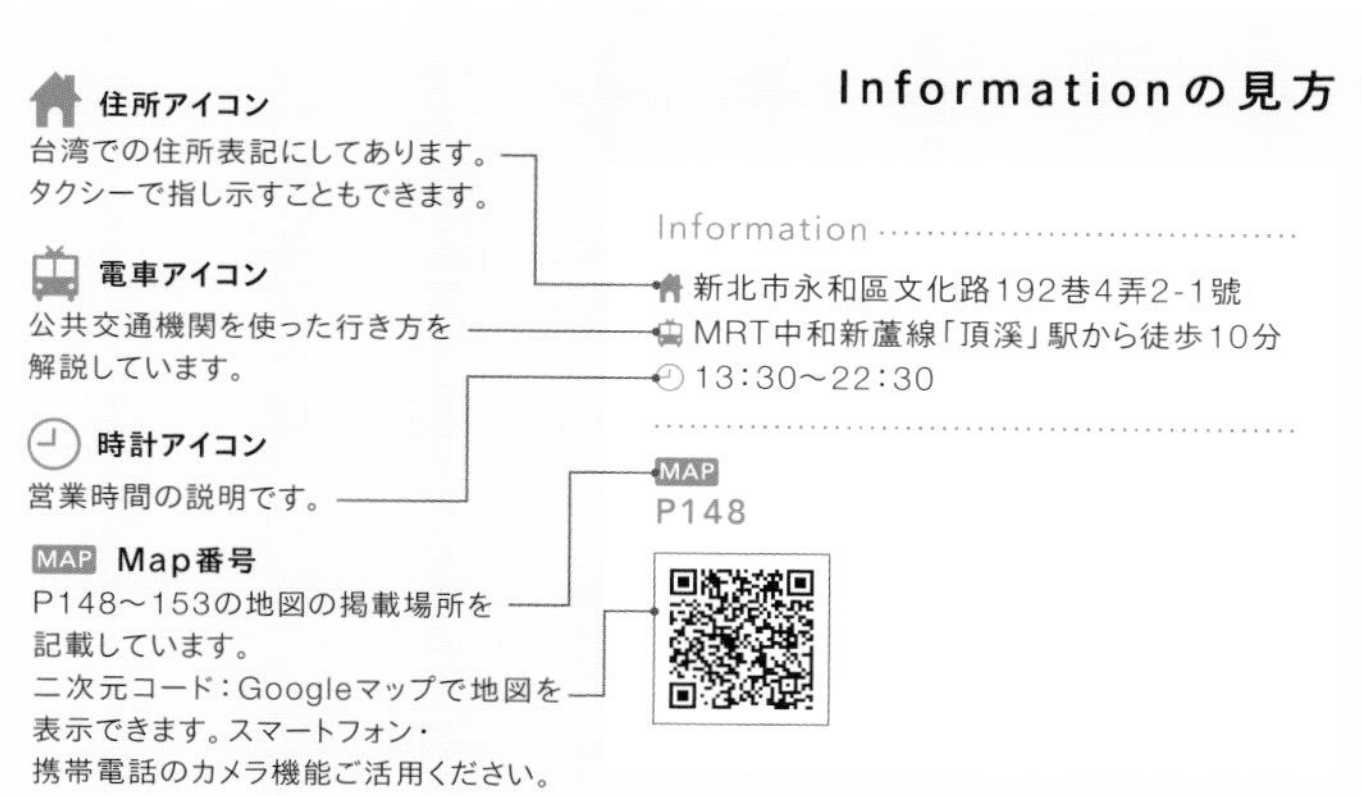

Informationの見方

住所アイコン
台湾での住所表記にしてあります。タクシーで指し示すこともできます。

電車アイコン
公共交通機関を使った行き方を解説しています。

時計アイコン
営業時間の説明です。

MAP Map番号
P148〜153の地図の掲載場所を記載しています。
二次元コード：Googleマップで地図を表示できます。スマートフォン・携帯電話のカメラ機能ご活用ください。

- 掲載情報は2020年4月時点のものです。
- 営業時間や定休日は変更されることがあります。台湾の祝日、連休、年末年始などはご注意ください。
- 移動時間は状況により異なる場合がございます。
- 価格や内容は変更されることがあります。

気になる台湾建築をのぞくと、そこは博物館だった

おもしろい建物は中も気になる……

はじめて台湾を訪れたとき、古い建物がたくさん残っていると感じたのを覚えている。歩道にしっかりした屋根がついていて、飲食店は座席やキッチンを歩道に増設していた。歩道を歩いているはずなのに、なんだか店内を横切っているみたいな申しわけない気持ちになる。

建てられた背景にいろいろあることを知ったのはしばらく後になってからで、とにか

く古い建物をうまいこと利用して暮らしている街、というのはずっと変わらない台北の印象だった。

古い建物を利用しているのは、コスパ重視の若い人たちだけじゃない。国の政策でも、歴史的建造物をうまく利用して文化保護につなげようとしている。博物館として再利用する試みはたくさん行われているし、美しく保存している場所への賞もあるらしい。博物館なら、旅人である私たちでも、外だけでなく中に入って建物を眺めることができる。そういった気軽で、それでいてほんの少しだけ深い建物探訪をしてみた。

Pick up
ミュージアム

National Taiwan Museum

國立臺灣博物館

（グォ リー タイ ワン ボー ウー グァン）

野村一郎による荘厳な古典主義建築

Information

台北市中正區襄陽路2號
MRT淡水信義線「台大醫院」駅、板南線「台北」駅から徒歩5分
9:30〜17:00（火〜日）
※月休館

MAP P151

はじめに訪れたのは国立台湾博物館。台北駅前から延びる館前路を進むと現れるとても特徴的な建物は、駅に降り立った旅人も、まっさきに気になるはず。そのつど企画特集の展示があって、最新の展示情報はウェブサイトで調べることができる。ただ、そんなことを気にしなくてもふらりと立ち寄っただけで楽しめるのは、この建物の細部が見ているだけで飽きないから。

「この建物はもともと、日本統治時代の総督、児玉源太郎氏と、民政長官だった後藤新平氏の功績をたたえる記念館として建てられました」と教えてくれたのは、教育主任の陳さん。

ここに移る前、博物館は日本統治時代に政府が発行していた宝くじのための建物を使っていたという。国の財政を立て直すために発行された、アジア初の政府が管理する宝くじは、わずか一年ほどで発行が停止された。

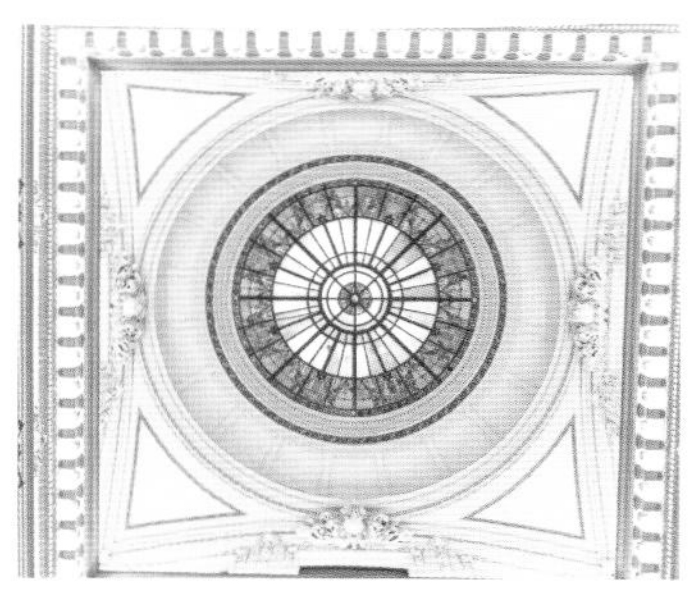

設計は台北の都市計画にも携わった野村一郎。館内にはステンドグラスや燭台、あらゆるものに総督の家紋などの意味が潜んでいる。

「政府が発行するくじというものは、他の国にまだありませんでした。確率が高くハイリターンだったので、台湾に居住している他国の富裕層がこぞって買いました。けっきょくあまり一般国民の得にならず、世論の反対にあって短期間で頓挫したのです」

くじの管理局として造られた建物を、しばらくの間この博物館として再利用していた。その後収蔵物が収まりきらなくなってこの元記念館へ移設してきたという。

日本統治時代の建物を使用しているため、その歴史にはたくさんの日本人の名前が登場する。

全体の印象はヨーロッパの古典的な設計。でも窓枠の意匠には台湾でとれるフルーツがあしらわれている。

中央にある腰壁部分は赤大理石。建設途中、戦争によって物資が手に入りづらくなり、部分的に塗料などで工夫しながら造られている。

常設部分は台湾の自然と歴史、民俗を中心に展示されている。当時の調査者、研究者として日本人学者の名も連なる。

第4代総督になった児玉は、当時日本が諦めて手放そうとしていた台湾の財政を立て直した。測量や地質調査で島内の資源を把握し、産業を黒字化させることに成功。後藤は関東大震災での活躍から、公衆衛生や防疫の政策が重要だとする児玉により台湾の民政長官を任された。当時台湾に広がりつつあったアヘンを、人々の反感を考え強制禁止することなく、免許制度や関税を活用して蔓延を食い止めるなど、後藤の功績は多岐にわたるという。

この時期には悲劇も多く、良いことかどうか、はっきり答えは出せない。ただ、きっとそのことで当時病気から救われた人も多かったのだろう。鉱脈などの資源や、先住民の人口や居住地域の把握がその国の財産につながる。そういったあらゆることがわかる常設展示だった。この時代背景を持った建物の中で、この展示がされているのはとても大切なことだと思う。館内上階には、当初はメインホールにあったふたりの像が静かに展示されている。

開設当初は1階の広間に置かれていた児玉、後藤の像は戦後撤去されたが、2008年からは建物上階に展示されている。

Pick up
ミュージアム

Land Bank Exhibition Hall

土銀展示館（トゥー イン ザン スー グァン）

Information

台北市中正區襄陽路25號
MRT淡水信義線「台大醫院」駅、板南線「台北」駅から徒歩5分
9:30〜17:00（火〜日）　※月休館

MAP
P151

かつての銀行を改装した博物館の内部にびっくり

国立台湾博物館から襄陽路をはさんで向かいに建つこの建物は、もともとは銀行だった。「外側の通路の天井にある飾りの通風孔も、ほとんど当時のまま、現在でも通用するほどしっかり造られています」。国立台湾博物館とはまた雰囲気のちがうルネッサンス様式の建物を、引き続き陳さんに案内してもらった。

もともとは3階建てだったものを、天井を外して大きな展示空間に造りかえてある。天井の縁にあるレリーフは、柱を外して彫刻がつながるように修復されているので、オリジナルの部分は色が濃くなっている。展示物のほか、細部まで建物の造りを楽しめる。

展示は基本的には常設。館内に入ると外からは想像もつかないほどの広がりの中に、巨大な化石、骨格などが展示されていた。子どもたちはみんな、一歩入った瞬間、声をあげている。

常設展は2種類に分かれていて、大きな展示会場では、地球全体の歴史をはじめ、アジアにある化石や鉱物の展示など、体験型の展示がされている。たとえば水中の古代生物は足もとの透明な板の下に、巨大な生物は見上げられるように。タッチパネルなどのテクノロジーを駆使した解説や、めずらしいマンモスの骨格もあり、迫力がある。

剥製も
たくさん

通路がアクリル張りになっていて、足もとにも展示物がのぞく。子どもだけでなく大人も科学知識がつく。

こちらの展示室の入口は、当時ほんとうに使われていた日本製の金庫の扉。

天井まで延びる引き出し庫。1923年に銀行が設立されると、国内の不動産、金融管理ほか、もろもろを一手に担っていた。

もうひとつの展示会場は、なんと、かつてここが銀行だったことを裏付ける重厚で巨大な金庫の内部。ここには、銀行だったときに使われていた帳簿や債券、株主の各種証明、使われていた鍵、手動式の計算機や測量機などが並ぶ。

いわゆる銀行、という言葉から想像する仕事だけでなく、ここでは農地の管理などさまざまな業務をしていた。牛乳や砂糖、茶葉、あらゆるものに銀行のマークがついたものも展示されている（JAみたいなものかも）。

はっきりと把握されていない各種産業の正確な規模や量を把握することが、当時、国の財産を管理するのにはとても大切だった。ここにあるものは、国立台湾博物館で感じた「測量は国力を強くする」ということにもつながる。

この建物が銀行だったころの帳簿や証書、封筒や鍵なども展示されている。

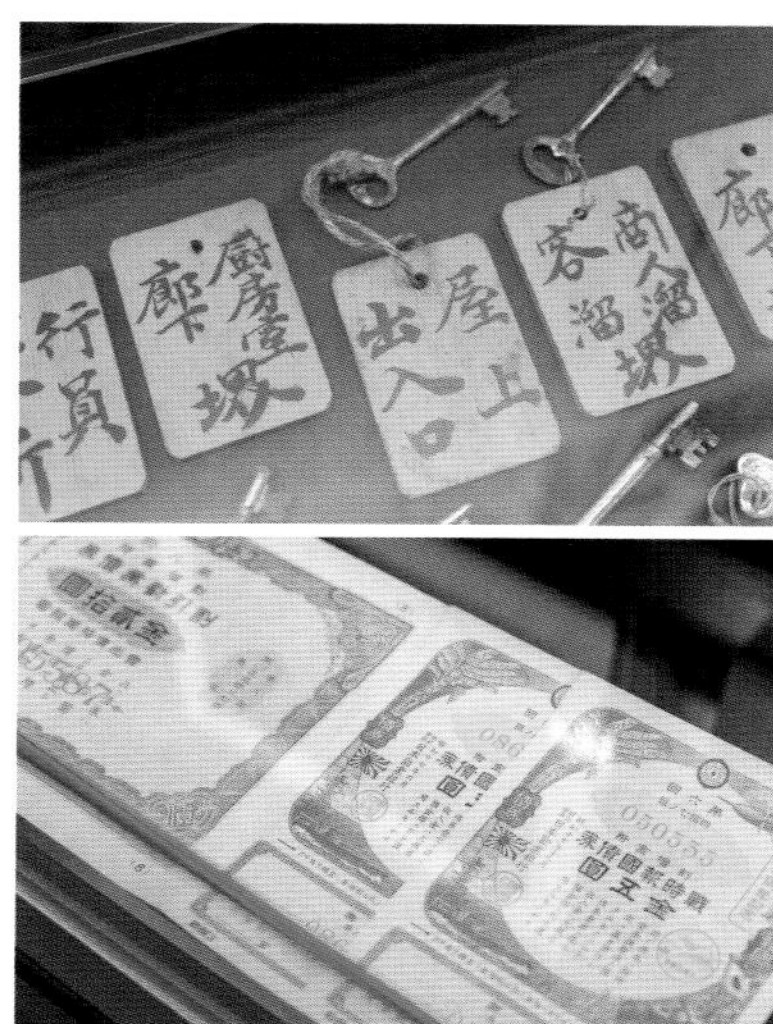

Museum207

迪化二〇七博物館

（ディーホァアーリンチーボーウーグァン）

建物の上部、窓のある角の空間は休憩コーナーになっている。屋上まで細い階段が続くので、ひと休みしながら通りを眺めることができる。

Information

- 台北市大同區迪化街一段207號
- MRT中和新蘆線「大橋頭」駅から徒歩10分
- 10：00〜17：00（月、水 〜 金）、10：00〜17：30（土・日） ※火休館

MAP P150

迪化街のにぎわいを見つめる旧漢方薬局店が、博物館として復活

今までの台北の旅では、ショッピングに訪れていた迪化街。にぎわう街並みの一角に、モダンでありつつどこかキッチュな、曲面を活かしたタイル張りの建物がある。もともとは漢方薬の店として、この街のにぎわいを盛り立てていたここは、現在、迪化街の歴史と文化を紹介する小さな博物館となっている。展示は少しずつ変わるけれど、基本は当時の暮らしが理解できるような、実際に使われていた道具類や店の看板、写真資料が並ぶ。

外壁のタイル、ベランダの金属細工をはじめ、内部には「テラゾ」と呼ばれる色石を砕いて混

昔の暮らしを思い出させる展示が多い。このときは昔のネオンや看板を紹介していた。

1階は店舗、2階以上は住居。そのことを示すシャッターの痕跡も残る。

あちこちにあるテラゾのタイル細工。漢方の材料がモチーフになっていて、デザインが凝っている。

ぜあわせる技術で作られた内装細工にあふれていて、見ているだけでも、当時のにぎやかな店のようすがわかる。

建物は1階が店舗で、2階以上は店主家族の住居として利用されていた。細く急な階段をあがった屋上からは、このあたりの街のようすがよくわかる。今も人がにぎわう迪化街の通りだけでなく、そばを流れる淡水河や、他店舗の特殊な建築の造りが一望できる。屋上の一角にある「かまど」は「キッチンとして使っていたのではなく、漢方を煮出すのに使っていたのです。室内で煮ると匂いが大変なので」とのこと。

博物館だけでなく、台湾には古い建物を利用して作られた「いろいろな施設」がたくさんあって、観光客だけでなく地元の人々にも愛されている。たとえば元床屋を利用したカフェ、元雑貨店を利用したホテルなど、すべて当時の名残がわかるよう、設備の一部を残してある。台湾では近ごろ、若い人の間でも自分たちの歴史を確認したいという気持ちがあるという。そういう流れになるまでに、政府や文化を守る流れをしっかり土台として固めた結果だろうとも思う。

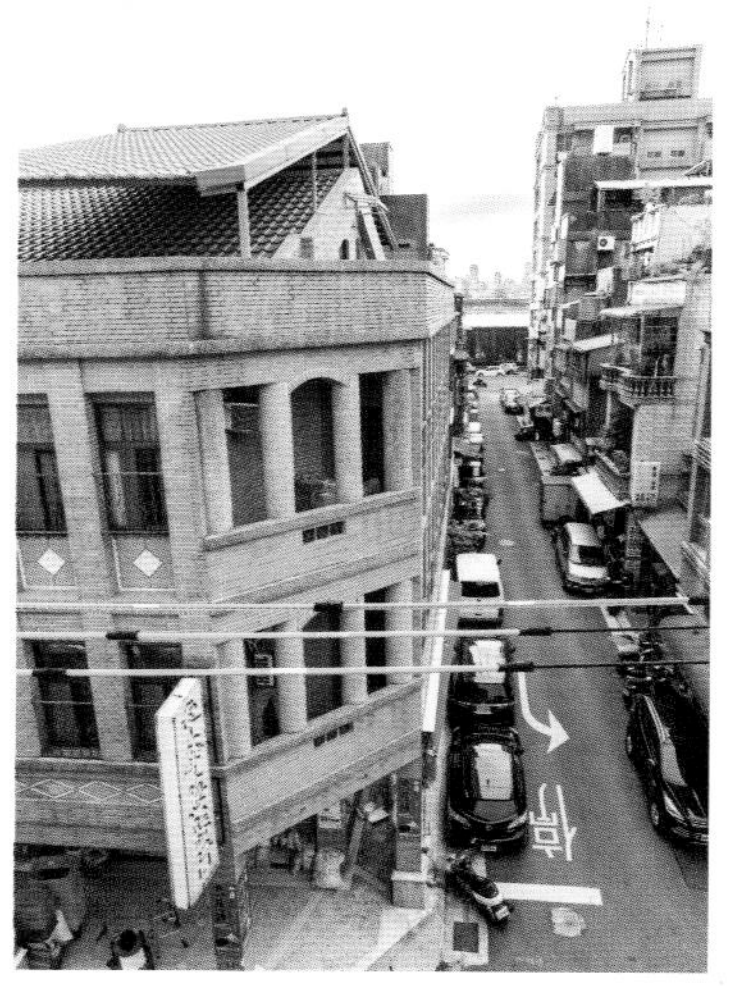

淡水河から街が生まれ、文化が生まれた。近くを流れるこの川は、台湾の文化を語る上で大切なポイント。

Bopiliao Historical Block

剝皮寮歴史街區（ボーピーリャオリースジエチュー）

MAP P151

Information

- 台北市萬華區廣州街101號
- MRT板南線「龍山寺」駅から徒歩5分
- 街区：9：00〜21：00、館内：9：00〜18：00（火〜日）　※月休館

萬華の栄華に思いを馳せる路地裏の風景

淡水河の水運は、台北の流通においてとても大切な場所だった。剥皮寮という地名は、かつて船で運ばれてきた材木の皮を剥いて加工していたためついた名前。日本統治時代に小学校として利用される予定だった場所の一部が、国民党時代になり使われることなく街の商店や工場となり、管理の関係でそのまま再開発されることなく残ったのだと

いう。長屋のような通りぞいの建物は現在、ギャラリーとして貸し出されるなど、ちょっとした博物館にもなっていて、たとえば印刷所だった空間には、当時の印刷機や日本製のインクの缶が並んでいたり、小学校の近くには、地域の歴史を学べる資料館があったりする。

かつての活版印刷所は、使用していた印刷機を展示するギャラリーになっていて、活字やインク缶の実物を見ることができる。

ほかにもあらゆるところに当時の生活が垣間見える場所が残っていた。たとえば一軒の建物の中に小さく区切られた、カラオケルームのような部屋。

「ここは宿屋でした。近辺で仕入れをして各地に戻るときや、納品をして帰るときに行商の人が睡眠をとるのに使っていました」。部屋の並ぶ建物に隣接しているのは、小さな公衆風呂とトイレ棟。まるでネットカフェとかカプセルホテルのような、なにもない、寝て起きるだけの窓のない部屋。入ってみると、狭いけれど思いのほか天井が高く、たしかに殺風景だけれども休息をとるには充分に思える。ただ当時も、通りは夜まで騒がしかっただろうけれど。

行商の人が
利用した
ビジネス個室宿

小さなドアが並ぶ宿の廊下。室内に窓はなく景色も見られないけれど、寝るだけには必要充分な、とてもシンプルな部屋。

この壁面アートを描いた人も、私たちと同世代のアーティストだそう。台湾の伝統的な神話に、ウルトラマンなどの日本アニメやヒーローが描かれていて、私たちと同世代の台湾の人々が影響を受けた、多様な文化を反映している。

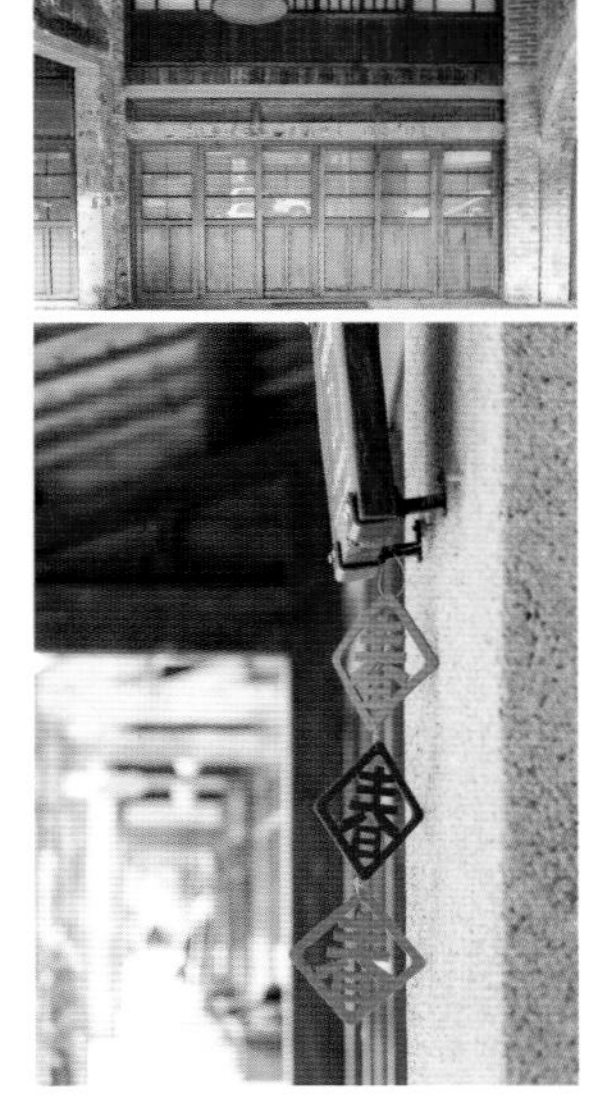

「映画『モンガに散る』の撮影は、この周辺で行われました。景観を背景に結婚式などの写真を撮る人もいます」と語るのは、施設の総監、趙さんと経理の唐さん。いわゆる「インスタ映え」に申し分ないスポットだけれども、地域の歴史や文化を知りながら歩くと、もっと楽しい。

展示を見たり説明を受けたりしたあとの休憩所で、無料でふるまわれるお茶を飲みながら「ここで働いている人の中には、なんらかの理由で社会復帰が難しくなってしまった人たちがいます。ここは就労支援施設にもなっています」

特別な助成を受けているため、営利業務はできないという。施設内ではグッズの販売はないが、入場はもちろん、休憩もお茶も無料なので気軽に立ち寄れる。「ここはもともと、行商の休憩地。当時の人たちのようにお茶を飲んで語りあい、休んでほしい」

と話してくれた。日本の都市部でも問題になっている、街の再開発の際に起こりがちなことを、こういった取り組みで解消していきたいのだという。「二次元コードを読み込み、スマホで当時のようすを解説した文が読める仕組みを作りました。英語、中国語、2月中に日本語も対応します」というので、この本の発売日にはすでに日本語対応がされているはず。ガイドツアーは時間が決められているし、旅行の自由時間にあわない、という場合も、自分のスマホでここがどんな建物だったのか、調べながら散歩できる。

さらに、彼女たちからは「今後、よりもっと旅行者のかたに楽しんでもらえるようにするには、どうしたらいいと思いますか?」と、話をききに行った私たちが逆にたずねられた。彼女たちも私たちと同世代。とてもパワフルで、台湾の文化に真摯に向きあっている、と頼もしい気持ちになった。

Haru Column

やっぱり快適

フラッグシップ乗ってみた！

16:00 空港で待ち合わせ

春菜さん、荷物大きくない？

羽根子さん、荷物小さくない？

NRT

エア選びに妥協なし！ JALで行く快適旅

成田・桃園が1日に6便、羽田・松山は4便。どれも使い勝手の良い時間帯で、台湾に行くハードルがぐっと低くなっちゃう。今回は仕事終わりで成田へ直行、18時の便で桃園へ。エコノミークラスでもシートが広いのが魅力（わたしの愛するB787。他社が3ー3ー3配列のところ、JALは2ー4ー2）。疲れていても快適。ちょっと優雅に、ちょっと贅沢に旅をスタートさせるのもいいなぁ。

では、行ってきます！

16:15 カウンターでチェックイン

いつもはオンラインチェックインだけど、今日は羽根子さんもいるので久々に有人カウンターへ。実はこの日、空港までの電車が遅れに遅れて結構ギリギリの到着（詳しくは後半の対談で）。笑顔で迎えて下さって、ありがとうございます（涙）。

自動荷物預け機もあって
チェックインが
ますます便利

気になる……

カウンターに並ばずに、チェックインと座席指定ができちゃう国際線自動チェックイン機に、国内初の自動手荷物預け機。便利ですねぇ。次回台湾に行く時は、使ってみたい！

サクララウンジ、見てきました！

出発前はラウンジでのんびり

ＪＡＬでは成田空港のサクララウンジが２０１９年にリニューアル。会員ステイタス基準を満たすか、搭乗クラス基準でもエコノミークラスのＦｌｅｘ Ｙ運賃まで利用が可能。広々とした空間で、出発前の時間を優雅にゆったり過ごせます。

JALのラウンジといえば、名物のオリジナルビーフカレー。人生で一度は食べてみたい！

旅気分も上がる！

往路は4時間。ゆったりシートでエンタメを堪能

実は直前まで、半年間でチリ・日本を3往復していたわたし。なんと片道30時間前後かかかります。それに比べて、台湾までの約4時半の短いこと！　座席も広々。わたしたちの乗った機材にはUSB充電ポートとACポートがあったので、パソコンもスマホも残り充電量を気にせず使えたのも嬉しい。映画を観たり、機内食をいただいたり、羽根子さんと機内誌の美味しそうなページを読んだり。あれ、時間足りなくない？

行ってきま～す

18:00 搭乗＆出発！

良い頃合いで
運ばれてきた

本日のおしながき

＊鶏の照り焼き丼
＊もやしとごぼうと
海老の和え物
＊フレッシュサラダ
＊ハーゲンダッツ
アイスクリーム

※取材時点でのメニューです。台北便では月2回のメニュー更新があります。

充実の機内食は フラッグシップキャリアならでは

飛行機の楽しみと言えば、機内食！　今まで林檎とクラッカーのみ、とか、名前も味も全てがアヤシい謎の料理とか、色々食べてきましたが、JALなら安心。ハーゲンダッツのアイスクリームも、なんだか地上より美味しく感じます。満喫しているうちに、到着！

ドリンクメニューも充実！

快適すぎて爆睡……

第2章 通う茶藝館

ひとりでお茶を　あなたとお茶を

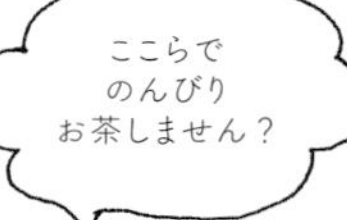

実は台湾の人はあまり茶藝館に行きません。お茶はお家で気軽に楽しむもの。確かにわたしたちも、日本茶はお家でいただくことが多いですね。

もしかしたら、慌ただしい旅の最中だからこそ、お茶を飲む時間が日常ではなく、スペシャルになるのかも。オススメのお茶とお菓子をいただいてのんびり過ごす時間は、何より贅沢なものに思えます。

わたしはお茶が大好き。好

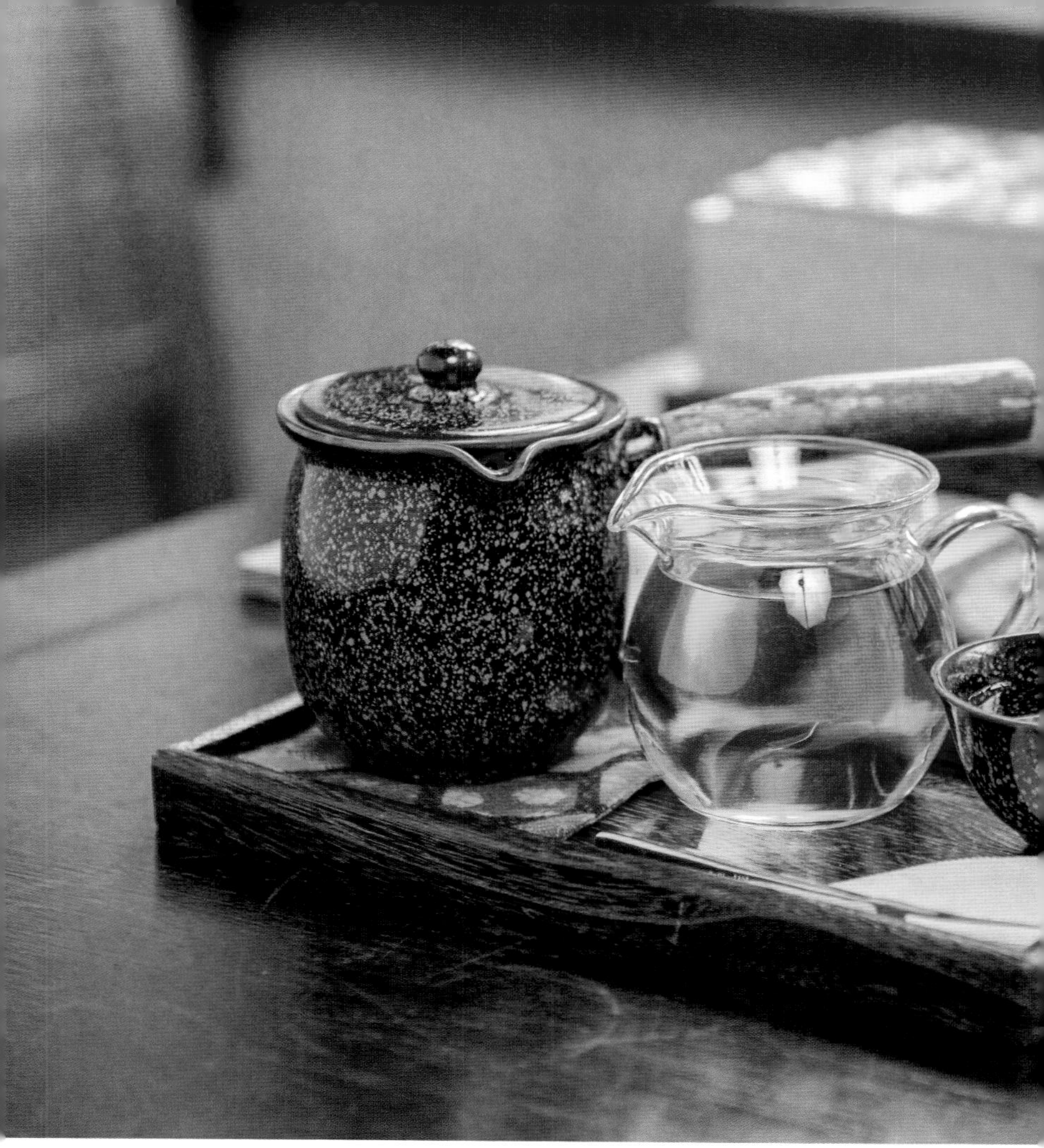

きが高じて、中国まで行って高級評茶員と中級茶藝師の資格をとってしまいました。お茶は日々の句読点だと思っています。

そんなわたしがオススメする茶藝館が、そこに行けばほっと一息つける、あなたにとっての止まり木みたいな場所になりますように。

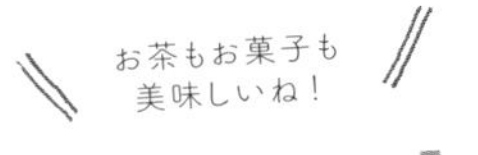

中山堂の3階です

Taipei Lecture Hall

臺北書院（タイペイシューユエン）

3階に上がるとまず回廊席が

広々とした空間、各所に生け花が飾られ、ゆっくりした時間が流れています。

中華花藝の講座も

MAP
P151

Information

台北市中正區延平南路98號3樓
MRT松山新店線・板南線「西門」駅から徒歩5分
13:00～21:00

一煎目は
先生のお手本で

お茶のシステム

茶葉代：250～450元/1点

※1名につき1点の茶葉（250～400元）の注文が必要。
※ミニマムチャージは回廊席で300元/1名、個室席で400元/1名。
※3時間を超えると、1時間あたり100元/1名のお湯代が必要。
※支払いは現金のみ。

茶人は鍾蘭蓁先生
お手前を見ているのも楽しい。

学び舎で、文化と共にいただくお茶

日本統治時代の歴史ある建物、この中にある台北書院は、茶藝館であると同時に、学び舎でもあります。

中国哲学、書、本草学に篆刻、中華花藝、そしてもちろん茶藝も。文化を学び、文化に親しむ、そんなアカデミックな場所が、若者で賑わう西門町のこんなすぐ近くにあるなんて。

厳選された茶葉、お茶菓子は伝統的なものから、オランジェショコラのような今っぽいお菓子まで幅広いラインナップ。お茶のいれ方がわからなくても大丈夫。茶人と呼ばれるお茶のプロが美しい所作でいれて下さいます。お土産にいただいた台北書院と文字の入った茶杯は、年ごとにデザインが変わるそう。

いつか台湾に住んで、この場所で茶文化をじっくり学べたらいいなぁ。

茶菓子も豊富
どれにしようかな

本日のおしながき

-お茶-
鐵観音

-茶菓子-
橙片巧克力
緑豆糕
芭楽乾
雪Q餅
南棗片

Pick up
ギャラリー茶藝館

Information

台北市大安區青田街8巷12號
MRT環状線・淡水信義線「東門」駅から徒歩10分
10:00〜18:00

MAP P153

QingTian Tea House

青田茶館（チンティエンツァーグァン）

ただ黙っているのが心地よいギャラリー茶館

おしゃれエリアとして名高い、永康街、青田街、龍泉街、通称・康青龍。一歩路地を入ると、素敵なお店がたくさん。かつて台北帝国大学の哲学の教授が住んでいた、この青田茶館。朽ちゆくままだった邸宅を、故きを残し、新しきを付け加えてリノベーションしたのが2011年。時代を経た建物ならではの、静謐で美しい気配に満ちています。

中庭を囲むようにしつらえられたお茶スペース、敦煌書廊というギャラリーにもそこかしこに茶卓が。お茶は、所有する茶園で採れた台湾茶と、雲南省の古茶樹、合わせて9種類と少ないですが、それだけ自信のあるラインナップ。昔懐かしい月餅タイプの鳳梨酥や、曜日限定のタロ芋ケーキなど、お茶菓子も厳選の品揃え。

わたしたちが行った時はちょうど雨。雨音を聞きながらお茶を飲んでいると、沈黙もまた音楽です。時間をゆっくりとって訪れたい茶館。

使われている
茶器も素敵

お茶のシステム

茶葉代：450〜1,600元/1点
お湯代：200元/1名
サービス料：10%別途
例）2人で1点の東方美人茶を注文した場合、茶葉代1,000元＋お湯代400元、サービス料140元で、合計1,540元

※マグカップの単杯メニューあり。
※茶葉の持ち込みは450元/1名。
※支払いは現金のみ。

一煎目はお店の方に

この日は日本語のできる店員さんがいらっしゃいました。

お茶のいれ方も
丁寧な解説が
あるので大丈夫！

Pick up
老舗茶藝館

Wisteria Tea House

紫藤廬（ズータンルー）

ずっとこの街を見てきた茶文化と歴史を楽しむ茶館

このエリアで最も歴史ある茶館、紫藤廬。1920年代に建てられた邸宅は、一見こぢんまりとして見えますが、奥には個室もたくさん。

菜單には台湾茶もさることながら、普洱茶がずらり。説明すらも詩のようです。わたしがいただいた黄金水印は、とろりと滑らか、柔らかな光を飲んでいるよう。お茶をしに訪れるも良し、ランチに週替わりの茶葉料理をいただくも良し。

お茶のシステム

茶葉代：270～400元/1名
サービス料：10%別途

※ミニマムチャージは250元/1名。
※250元/1名で茶葉の持ち込みが可能。
※食事時間は2時間まで。

Information

台北市大安區新生南路三段16巷1號
MRT松山新店線「台電大樓」駅から徒歩15分
10:00～22:00

MAP P153

素朴な味わいの茶菓子

こちらの鳳梨酥は手作り。わたしのお気に入りは儚い歯応えが心地よい桃片（ナッツビスケット）。

見てわかる小瓶入りの茶葉

中国茶から日本茶、ハーブティーまで。番号のついた18種類のお茶は英語と日本語の説明付きでとてもわかりやすいです。

Information

台北市大同區迪化街一段67號2樓
MRT松山新店線「北門」駅から徒歩10分
11:00〜19:00

MAP P150

Pick up
気軽に茶藝館

South St. Delight

南街得意（ナンジェダーイー）

古い建物に新しいシステム 良いとこ取りのオススメ茶館

場所は茶器などを扱う民藝埕の2階、天井の高い気持ちの良い空間です。ここの特徴は、全てのお茶を280元でいただけること。お湯代や、茶葉によって違う値段といった、従来の茶館のシステムと違うわかりやすいお値段、視覚と嗅覚で選べる茶葉のシステムも新しい。しかもお茶菓子付き。迪化街散歩に疲れたら、ゆっくり街を見下ろしお茶を一服。

お茶のシステム

茶葉代：280元/1点（茶菓子付き）

※1名につき1点の注文が必要。

お茶会用の茶葉選び中

DIY お茶会のすゝめ

旅先でこそ歓迎光臨、移動茶藝館

旅行用茶具はいつもトランクに入れてあって、旅先で買ったお茶を楽しんだり、お宿で一息ついたり。だったらもう一歩、いっそのことワンデイ茶藝館を開いてみよう！　茶器から茶菓子から自作。残念ながら製茶の季節ではなかったので茶葉自作の夢は叶わないけれど、自分で探し歩いた美味しい茶葉で。インテリアの素敵なAirbnbも見つけました。

お招きするのは、もちろん今回の旅の仲間、羽根子さん。びっくりしてくれるかな、喜んで貰えるかな。美味しいお茶は、好きな人と飲めばもっともっと美味しい。

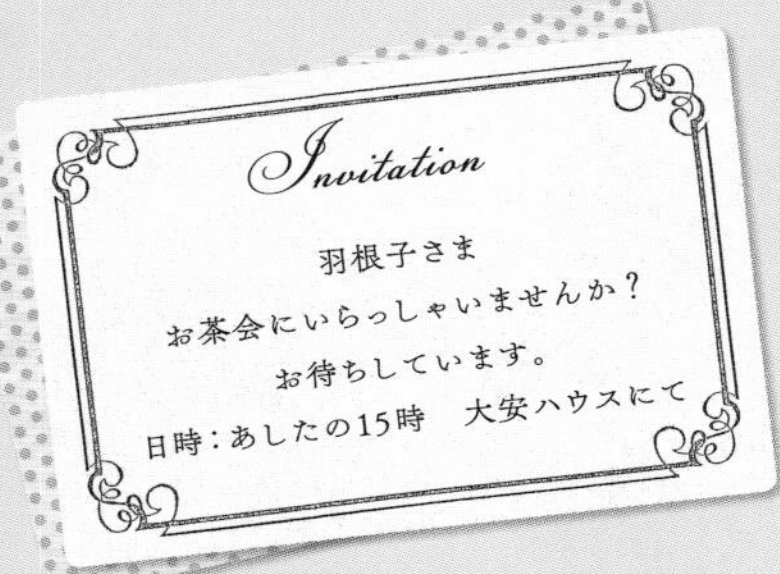

Let's Try
茶器づくり

La Reine

ポーセラーツサロン ラ・レーヌ

世界でひとつだけの茶器が作れちゃう

前々から気になっていたんです。台北にポーセラーツの教室がある、好きな茶器やお皿を作ることができる!!　元CAのまさこ先生の教室は、楽しくて居心地が良くて、時間を忘れてしまいます。ポーセラーツ初心者のわたしでも、蓋碗と茶杯、そしてオマケの小皿を完成させせることができました。

講師のまさこ先生

最近話題のお菓子や調味料、雑貨にレストラン、台湾のオススメも色々教えて下さいました。

Information

台北市中正區忠孝西路
台北駅から徒歩約10分
要予約。詳細はお問い合わせください。

HP

茶器はもちろん、お皿や茶筒までラインナップ豊富！

STEP 1

さて、どんな柄にしよう

作るものは蓋碗と茶杯と決めていたけれど、どんな模様にするかが一番難しかった……大好きな、カラフルキッチュなシノワズリ？　それとも台湾らしく、海老柄や電鍋柄？　迷いに迷った結果、小鳥と蝶とお花、台湾のタイルっぽい絵柄の組み合わせにしました。たまにはシックに青一色で!!　でもまだまだ作りたい柄があるので、今度またプライベートで来ます。

転写紙の種類は500種から選べます

この迷ってる時間が楽しいのです。

切って貼って　切って貼って

柄が決まったら、転写紙を切り抜いて、水に濡らしてフィルム部分と台紙部分をわけ、白磁に貼っていきます。どの模様を、どこらへんに置くか。何度でもやり直しがきくので、ひたすら自分の理想を追い求めて……ごめん、この段階、集中しすぎて一言も喋らなかったです。カーブに沿って上手く貼るのが難しい!!

蓋と柄が合うよう、集中……

空気と水を綺麗に抜いて、密着させます

STEP 3

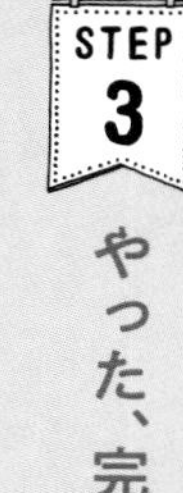

やった、完成!!

……ではなく、ここから専用の窯で焼き付け。これは先生にお任せ。早い時は次の日にもう完成していることも。金色などを置きたい時は、少しお時間がかかります。

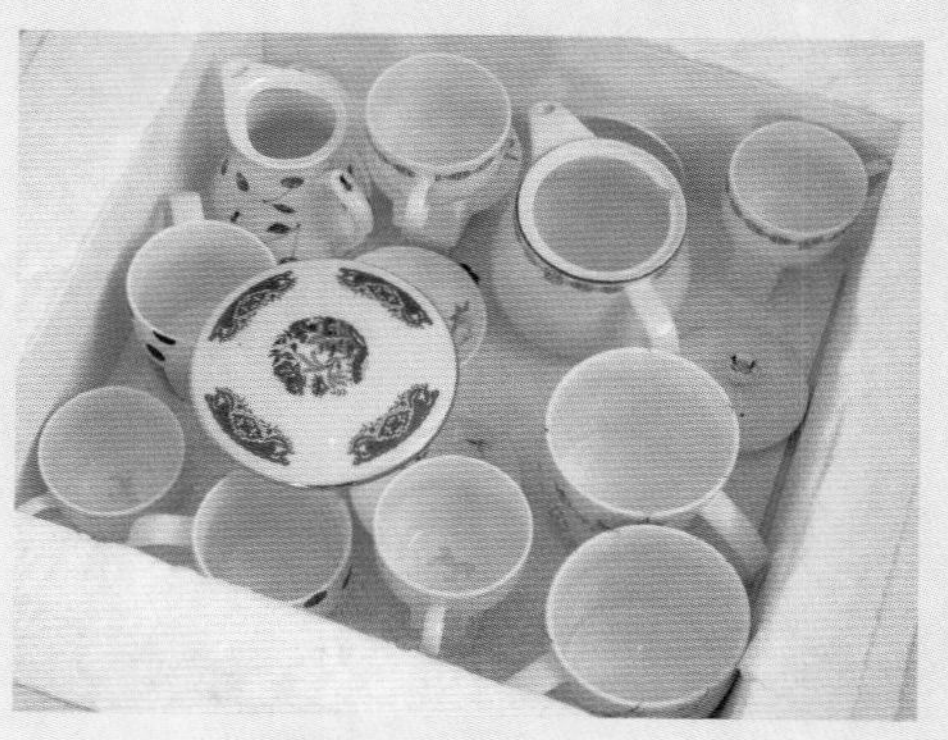

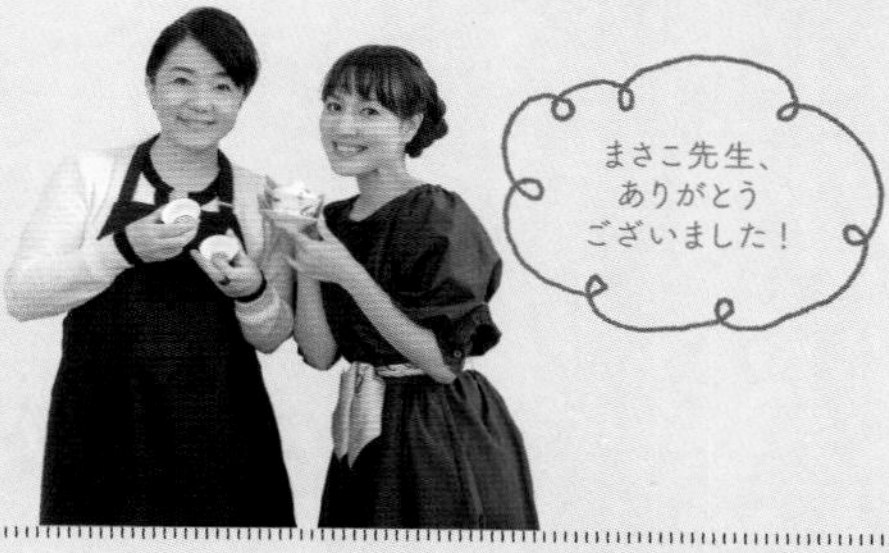
まさこ先生、
ありがとう
ございました！

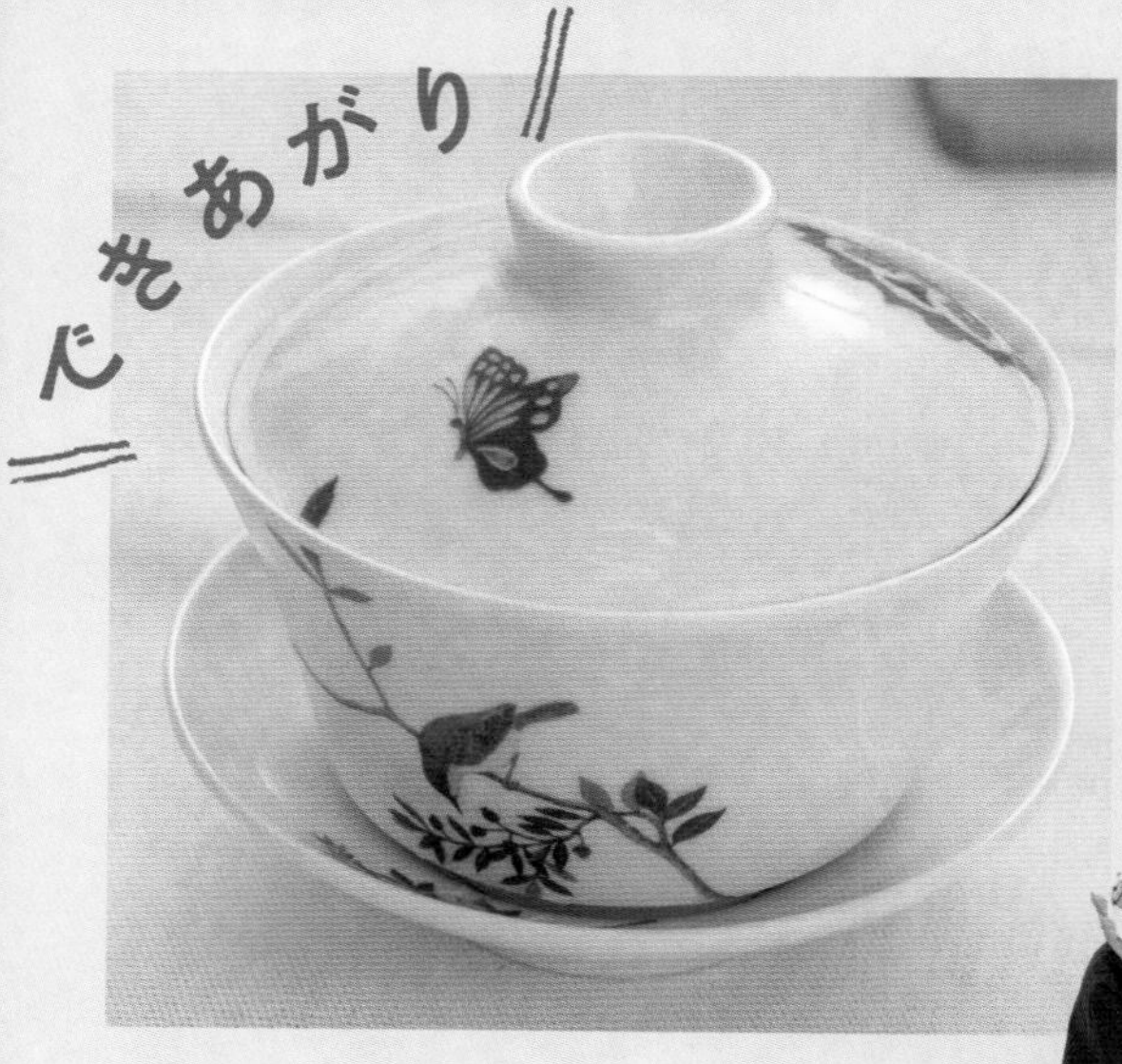
できあがり

我ながら良い出来では?!（細かいところは全て先生が直して下さいました。）お茶が美味しくいれられそうです。

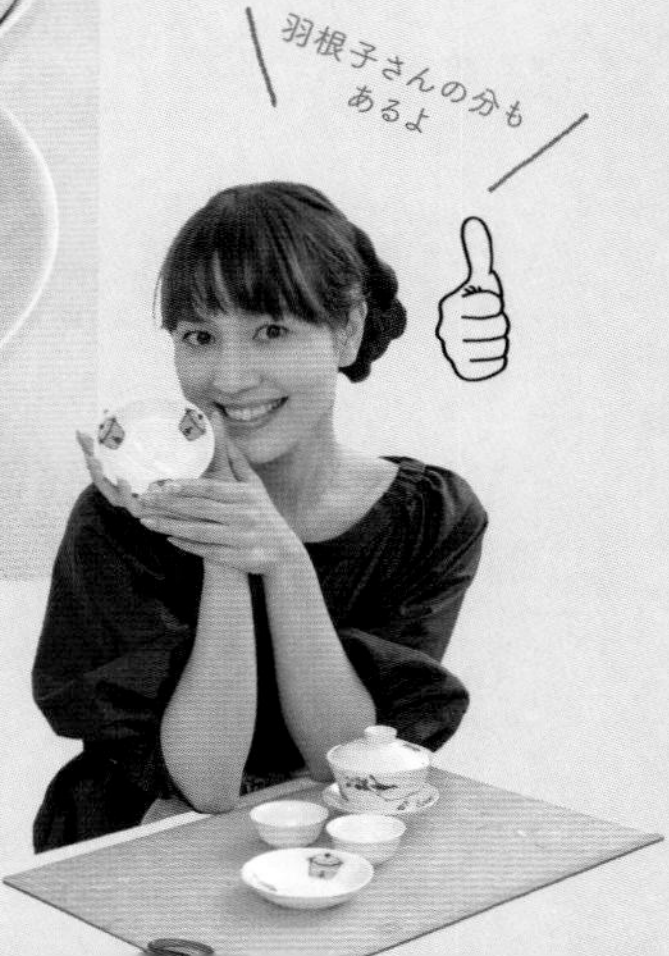
羽根子さんの分も
あるよ

Lee Cake

李亭香（リーティンシャン）

老舗菓子店で見た目も縁起も揃ったお菓子を

お菓子は最初から決めていました。大好きな李亭香の平安龜。ピーナツの粉を亀の形に固め、中には胡麻餡が入った、素朴でこっくり美味しいお菓子。中国茶はもちろん、紅茶にもコーヒーにも合うので、迪化街に行ったら必ず買います。

亀は長寿の象徴、縁起が良くて、しかも美味しい。定番鳳梨酥もいいけれど、今回は伝統菓子にチャレンジです。

Information

台北市大同區迪化街一段309號
MRT中和新蘆線「大橋頭」駅から徒歩10分
9:00～20:00（月～土）、9:00～19:00（日）

MAP P150

オーダーメイドの特別大きな亀も見せていただきました。ずっしり重い……!!

重労働！
先生にお任せしましょ

STEP 1 まずは生地作り

先生のテーブルに山となったピーナツの粉、ここに熱した麦芽糖を流し込み、練りあげていきます。材料は、ピーナツ粉、麦芽糖、黒胡麻、海塩、砂糖だけ。何というシンプルさ。でもそれだけに、素材と熟練の技がものを言うんでしょうね。創業1985年、百年を超えて作り続けられてきた平安龜に、わたしも挑みます。

麦芽糖は75℃で最も糖度が高まるんだとか。

STEP 2 いよいよ成形です

まだ温かくしっとりとした生地は触っているだけで幸せ。いただいた生地を円筒状にし、スケッパーで三等分します。くるくると手で丸めたら、親指でくぼみをつけて、そこに餡を。DIYでは胡麻餡ではなく、チョコチップを入れていました。意外とこのバージョンも美味しい。餡を包むように閉じたら……

餡を詰めて、
ぎゅっと閉じて

STEP 3

さぁ、クライマックス!!

木型にぎゅっと押し込み、ダイナミックに打ち付けます。型からぽろりと外れるまで、何度も何度も。この日はお子様が多かったのですが、みんなこの工程が一番楽しそうでした。トンカチよろしくドンドンと。中には勢い余って吹っ飛んでく亀も。実際厨房でもひとつひとつ打ち付けているのでしょうか……今度からよりいっそう心して食べよう。

できあがり

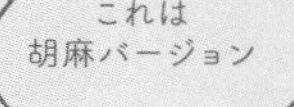

これは
胡麻バージョン

いつもは3種類の木型。でもこの日は春節が近かったので、特別に可愛い年獣の型も使わせていただきました。

Information P37

お店で飲んだのは……

④鉄観音

火の香りがしっかりする鉄観音。軽いお茶が好まれるようになり、こういったフルボディなお茶は少なくなってしまったので嬉しい。

まだまだ

茶葉選び

お茶会の主役、茶葉を購入

茶葉は南街得意で。お店の方と相談して、こっくりしたお菓子に合いそうな蜜香紅茶を選びました。その名の通り蜜のようなとろりと甘やかな香りと、すっきりした飲み口のお茶。ケーキやチョコレートといった、洋風のお菓子にも合うんです。ウンカという小さな虫が葉を噛むことによって生まれる、奇跡の香り。わたしの大好きなお茶のひとつです。

あと一息！

茶菓子を追加

Asteria

明星西點（ミンシンシーディエン）

Information

台北市中正區武昌街一段7號1樓
MRT松山新店線・板南線「西門」駅から徒歩10分
8:30〜20:30（物販）、10:30〜21:30（喫茶）

MAP P151

愛する俄羅斯軟糖（アールオスールアンタン）は夢の口溶け

マシュマロともギモーブとも違う、うっとり儚い口溶けの俄羅斯軟糖、ミルクの香りと胡桃の歯応えが素晴らしいんです。

明星西點麵包店はロシア式お菓子のお店、2階はクラシックなカフェ。

龍眼、胡桃、レーズンがたっぷり入った核桃糕に鳳梨酥も美味しい。自分用にいつも、お得な軟糖の切り落としと、スライス核桃糕を買っています。

軟糖は原味がオススメ

Invitation

お茶会へようこそ

茶器もお茶もお菓子も揃いました。今回泊まったお部屋は、よく言えばペントハウス、いわゆる台湾風屋上屋。テーブルをしつらえ、日本から持ってきた茶具を並べ、お湯を沸かして、さぁ準備完了。羽根子さん、お茶がはいりましたよ。

手順 1

茶器を温める

大事なのは、あらかじめ茶器を温めておくこと。ですのでお湯はたくさん必要です。最初に蓋碗、茶海、茶杯にお湯を注ぎます。

手順 2

茶葉に湯を注ぐ

蓋碗のお湯を捨て、茶葉を入れます。3g、蓋碗の底を覆うくらいが目安。茶葉によって違うので、お好みで加減して。

手順 3

茶海へ茶を注ぐ

たっぷりお湯を注ぎ、暫く蒸らしたら茶海へ。各自の茶杯へ注ぎ分けます。少しずつ抽出時間を長くしながら、何煎でも楽しめます。

春菜さま
たいへんおいしくいただきました！

第3章

本をうる人

リトルプレスを兼ねた、書店やショップをたずねて

海外の書店めぐりというと、言葉がわからないから意味がないのでは、と思う人もいるかもしれない。でも、装丁の美しい画集や写真集などは観ているだけでも楽しい。それに古地図やレトロな建築の本を活用すれば、いつもの観光散策がぐっとおもしろくなり、いいお土産にもなる。

台湾には、大きな書店のほかにも、ひとつのジャンルに特化した個性的な書店がいくつもある。そうした独立系書店にはリトルプレスを兼ねているところもあって、小部数でも店主の気に入った作家の、装丁の美しい本を作っている。

かつて台湾は大規模な戒厳令が敷かれ、出版にも厳しい制限が課せられていた。その隙間を縫って、禁書を棚の下にこっそり隠して売っている書店もあった。当時は読書会を開くだけで捕まってしまう若者も多かったらしい。

そんな歴史の延長上、今、独立系書店というものの存在は台湾でどうあり続けているのか、たずねてみた。

fembooks

女書店（ニューシューディエン）

イベントも絶えず行う フェミニズム専門書店

太い道路から一本入った、一見古びた建物の細めの階段をあがってドアを開くと、驚くほど広くてカラフルで、窓から光が入る、明るい店内が視界に入った。

すべての本がフェミニズムやジェンダーに関連している書店ときいて、一軒の書店ができるほど種類があるのだろうか、と考えていた。なのに、とても華やかな店内には、難しめの研究書から絵本まで幅広い書籍が並ぶ。「男女とも3歳から90代のかたまで来ます」という店長に話をきいた。

絵本や童話、写真集など図版主体のものもあるので、子ども連れのお母さんや、海外のお客さんも多い。

ここはひとりの台湾人女性、鄭至慧が25年前に開店した書店。当時は台湾の女性にとって、本を読み、執筆や翻訳に集中できる場所がなかった。鄭や友人は、当時大学で外国語を専攻していたので、いち早く海外のフェミニズムの書籍に触れていたという。彼女は、ヴァージニア・ウルフの「女性が小説を書こうとするなら、お金と自分だけの部屋を持たなければならない」という精神（評論『自分だけの部屋』）に基づいて、この店を開いたそう。

P153

Information

台北市大安區新生南路三段56巷7號
MRT松山新店線「台電大樓」駅から徒歩10分
11:00〜21:00（火〜日）　※月・祝定休

女文字の図版は、この書店が独自に出版しているもの。「中国の江南省で女性だけが使っていた文字の本です。男性には理解できない、女性だけで通じる言語を作ったのです」。男性社会の中で女性に選択権はなかった。独自の文字を作ってまで書き、訴えたという。

外から見ると古い建物だけれど、店舗内は意外なほど明るく広い。ウルフの壁画や、文具の販売もある。

書店の奥側にはテーブルが用意されていて、読書会だけでなく執筆や翻訳を行う場所としても提供される。ふらっとやって来て著書を置いていく作家もいるそう。

フランスで自殺をしてしまった台湾の作家の作品。「当時は、とても社会的に難しかったと思います。物語の内容も、とても繊細なものです」

店の奥には個室がいくつかあって、研究や執筆、翻訳ができるようになっている。その手前にある大きな机は、本を読み、語らうための場だという。台湾の女性も長く、自分の部屋、書斎や執筆をする場所がなかったので、台所や食卓で本を読み、文章を書いていた。店内は書籍の販売のほか、フェミニズム関係の本の出版に携わる人たちや、研究者がトークイベントを開催している。

2019年のベストセラー、『這是愛女、也是厭女』という台湾の本。この書店で行われた書籍関連イベントでは、40人が定員のところ、80人もの来店があったという。

這是愛女、也是厭女 PHILOGYNY, MISOGNY
（大家出版、2019）　王曉丹 余貞誼 ほか著

この店で2019年に一番売れたという本書は総勢12名による共著。女性の保護と虐待の両面性についての研究。

日本では2019年に刊行された韓国の小説『82年生まれ　キム・ジヨン』は台湾でも大変な反響があった。「それまでは海外のお客さんといえば中国、フランスや北欧のかた。でもこれを見てください」と店長に差し出されたゲストブックには、2019年あたりからぐっとハングルの書き込みが増えたという。見ていると、日本語の書き込みも。どれも、ちょっとした来店記念というよりも、自分の考えを熱く語っているのだろうと思われる、長いものばかり。

書店に置かれているサインブック。台湾華語や中国語だけでなく、英語や韓国語、日本語もあった。

女書店は、始まった当時から変わらず、本を売るだけでなく、場を提供するところだという。

男女のどちらともはっきり定義できない多様な人々も含めた場になれば、という現在の店長は、2017年に、一度この書店が倒産したとき引き継いだそう。名を明かさないのは、自身が店のアイコンになるべきではないと考えているから。女書店の主役は、あくまで女書店そのものだからと話す。

場の提供はときに難しいことかもしれないし、簡単に「続けてください」というのも無責任かもしれないけれど、こういう場があること自体が、多くの人の力になるのではないかと思えた。

日本で活躍する小説家、李琴美による書籍も、日本語版、台湾華語版で販売されている。

MAP P150

Information

台北市大同區迪化街一段34號
MRT松山新店線「北門」駅から徒歩10分
9:30〜18:30

Bookstore1920s

Bookstore 1920s 二十年代

（アースーニエンダイ）

台湾文化が花開いた二十年代にぎやかな街の書店

春節直前の週末の迪化街。日本でいう年末のアメ横のように、お菓子や正月用品の店が並び、スピーカーで音楽が流れ、キラキラと電飾が光っている。人がごった返してまったく前に進めないほどの混雑の中、メインストリートの角、ちょっと唐突な場所に書店がある。

「1920年代の台湾の、にぎやかな時代の世界観をイメージした書店です」と語るのは、徐さんと高さん。彼らの働くグループでは、台北の古民家のような建物を10棟ほど持っていて、書店のほか、読書家が集まる宿や茶藝館も手がけている。「本も宿も、お茶を飲む場所も、人をつなぐ大切な要素です。このあたりには茶葉を扱う店が多いので、茶藝館はこの近辺の産業を反映した店になっています」と話してくれた。

台湾は長い間、思うように自分の意見を述べたり、本を出したりすることができなかった。本を読み、人と自分の

日本の建築家による
フィールドスケッチ

臺灣日式建築紀行
（時報出版、2019）
渡邊義孝 著／高彩雯 訳

店長の陳さん

意見を語りあうということは、自由な社会でしかなし得ない。長い時を経て台湾がようやく得た貴重なもの。

「台湾の古い日式建築は、日本の研究者にもとても評価が高いです。フィールドワークをしてスケッチをためていた日本人の本が、台湾で出ています」と、流暢な日本語で話す高さんは、実はこの書籍の日台翻訳を手がけている。細かい建築用語までしっかり台湾華語にされた本は、見ているだけで苦労の跡がうかがえる。けれども、スケッチの図版が多く、見ているとその建物を訪れているような気分になれる楽しい一冊。

「土地柄、海外観光客など旅人も多く、地図のほか歴史や文化を楽しめるビジュアル主体の本が多いです」というのは、店員の陳さん。ちょっときくと、いくつものおすすめを教えてくれる。たとえば日本統治時代に撮られた学校のようすや、地元の人たちが撮影した街のスナップ集、ヨーロッパ人がここをかつて訪れたときに撮影していた写真集、観光絵葉書の図案集。周辺が載っているイラスト満載の地図は、各国語版がそろう（もちろん日本語も）。

このあたりで行われるアートフェアには、１９２０年代のコスプレをしたたくさんの人が訪れるのだという。特に今年は百年という節目。書店の外のこのにぎやかさは、百年前にも同じようにあったのかもしれない。

並ぶ書籍は、このあたりの文化がわかる地図や文献、図版が多い。

猫のうろつく
こだわりの書店

MAP
P148

Information
新北市永和區文化路192巷4弄2-1號
MRT中和新蘆線「頂溪」駅から徒歩10分
13:30〜22:30

Small Small Book Shop

小小書房
シャオ シャオ シュー ファン

オンリーワンのこだわりを散りばめた通好みの小さな書店

周りに植木や本箱のある開放的な入口で出迎えてくれたのは、猫、猫。現在、全部で4匹いるという保護猫は、店の中をうろうろし、まるで自分の家にいるようになんでもないふうにふるまっている。本棚に囲まれた空間にはいくつかの机があって、お茶の注文で利用できるのだそう。「イベントは海外文学の翻訳ものの読書会などが多いですね。10人くらいならこのテーブルで行います。著者を迎えて、というよりは、文学研究者に客観的な見解をきくといったスタイルが多いです」と店長の劉さんがいうとおり、品ぞろえは多様だけれど、どこか大型書店とはちがったこだわりがあちこちにあふれている。

「扱っている本は、台湾の文学に加えて、海外の翻訳もの、あと猫の本も（笑）」。レジ横にあるベストセラー棚に並ぶのは、

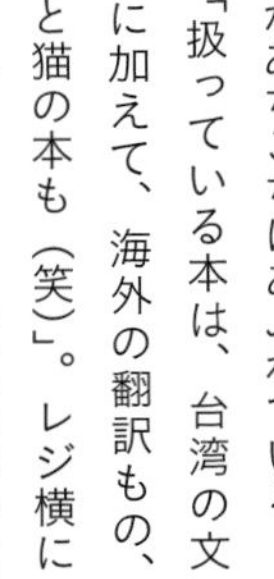

勉強や読書をしているとテーブルの上に乗ってきて、視界に割り込んで存在をアピールしてくる保護猫たち。

いわゆるポピュラーなものばかりではなく、店長が実際に読んですばらしいと思った本が並んでいるため、台湾の作家の中でもセンスの光るものが多い。

「おすすめの本は『餘生』です。霧社事件をモチーフとしていますが、そこに幻想文学的な要素が入り、史実と幻想の切り替わりや混ざり具合がこの作家独特のもので、他にない。すばらしいです」

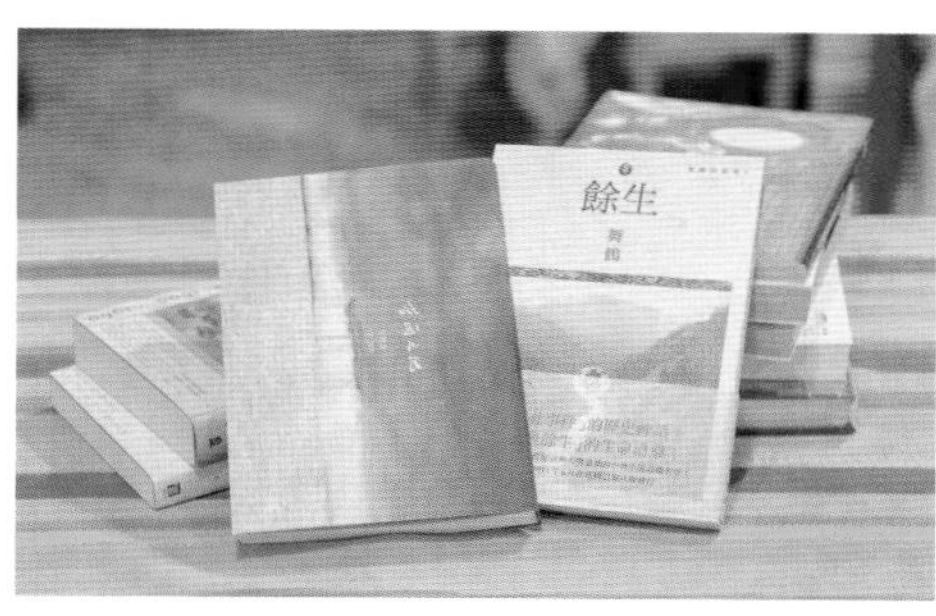

右『餘生』は日本でも映画『セデック・バレ』(P.112) などで知られている霧社事件をモチーフにした小説。実際の事件をもとにしながら、幻想を混ぜ込んだ独自の手法がおもしろいとおすすめされた。翻訳されたら読んでみたい……。日本では『自転車泥棒』などでも知られ評価が高い呉明益の作品も人気がある。

そのほか、この書店では独自に書籍も発行している。「私が読んで、好きだと思った作家の本を出しています。台湾の出版状況は決して今、良いものとはいい切れませんが、気に入った作家の本を、少部数でも、納得できる美しい装丁で出していきたい」

発行している書籍は、トレーシングペーパーのような紙に刷られた、はかない装丁デザインがなされた漢詩の詩集や、長い巻物のマンガまである。価格は決して低くないけれど、店主の読書家としての信頼は厚い。「おすすめ作品などのメールマガジンは版元からの資料ではなくすべて私が書いています。また、入会時に1600元払った人には、毎月ニーズにあった本をこちらで選んでおすすめし、注文してもらうサービスなども行っています」

分店するつもりのない、オンリーワンの書店は今年で13年目。10年目には『開店指（難）』という記念本も出した。この書店のために人が集まる、そんな場所だった。

開店指（難）
（小寫創意、2017）　虹風 著

10周年の記念本。作中にある「最高の本屋さん」の言葉は『暮しの手帖』で有名な松浦弥太郎氏による名言。劉さんが書店を作ろうと思ったきっかけの言葉だそう。

c'est si bon

小日子（シャオリーズ）

MAP
P153

Information

- 台北市大安區永康街51-1號
- MRT淡水信義線「東門」駅から徒歩10分
- 11:00〜21:00

学生街の文青でにぎわう街の リトルプレス×雑貨カフェ

にぎやかな通りぞいにある路面店のドアを入った瞬間、その喧騒が薄れ、店主が流す落ちついたポップス音楽が流れ、販売しているアロマや、コーヒーが香る。カウンターで販売されるドリンクを手に、ここのオリジナルやセレクトされた商品が並ぶ間を縫って階段をあがると、カフェのゾーンとギャラリーが視界に広がる。

小ぶりな建物の中は、ショップ、ギャラリー、カフェなど開放感を持たせながら効率的に造られている。ギャラリーでは、雑誌でイラストを描いたりアートワークをしたりしている作家の作品を、こまめに展示している。

「雑誌の中に入って、体験しているような空間でありたい」というのはオーナーの劉さん。ここは「小日子」のいくつかある店舗のうち、現在のところいちばん新しい永康店。『小日子』という台湾のカルチャー雑誌があるというのは、日本でも台湾好きの中では有名。ここは、その雑誌の発行人が開いているショップ。書店というわけではなく、雑誌で紹介された商品や、イラストレーターのオリジナルグッズなどを販売しているカフェとギャラリーを兼ねた店になっている。

自分の生活と雑誌を
結びつける
場所にしたい

オーナーの劉さん。もともとはこの雑誌の発行を行っていたけれど、出版不況もあり店舗展開も行ったそう。「出版畑の人間なので、店舗は素人からのスタートでした。今も大変です」

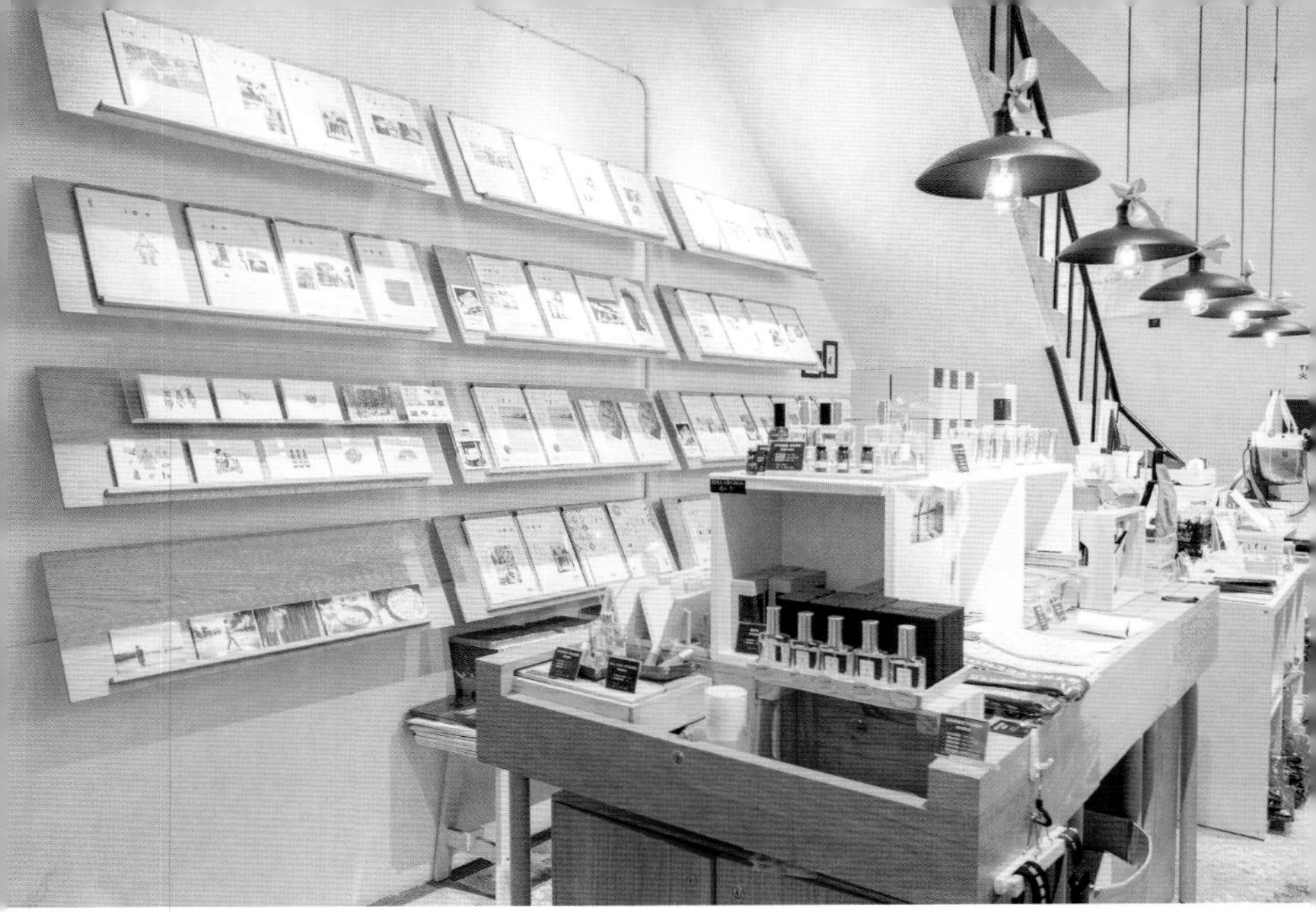

1階はカフェカウンターと雑貨店。刊行雑誌『小日子』はバックナンバーから幅広くセレクトされていて、思わずジャケ買い。

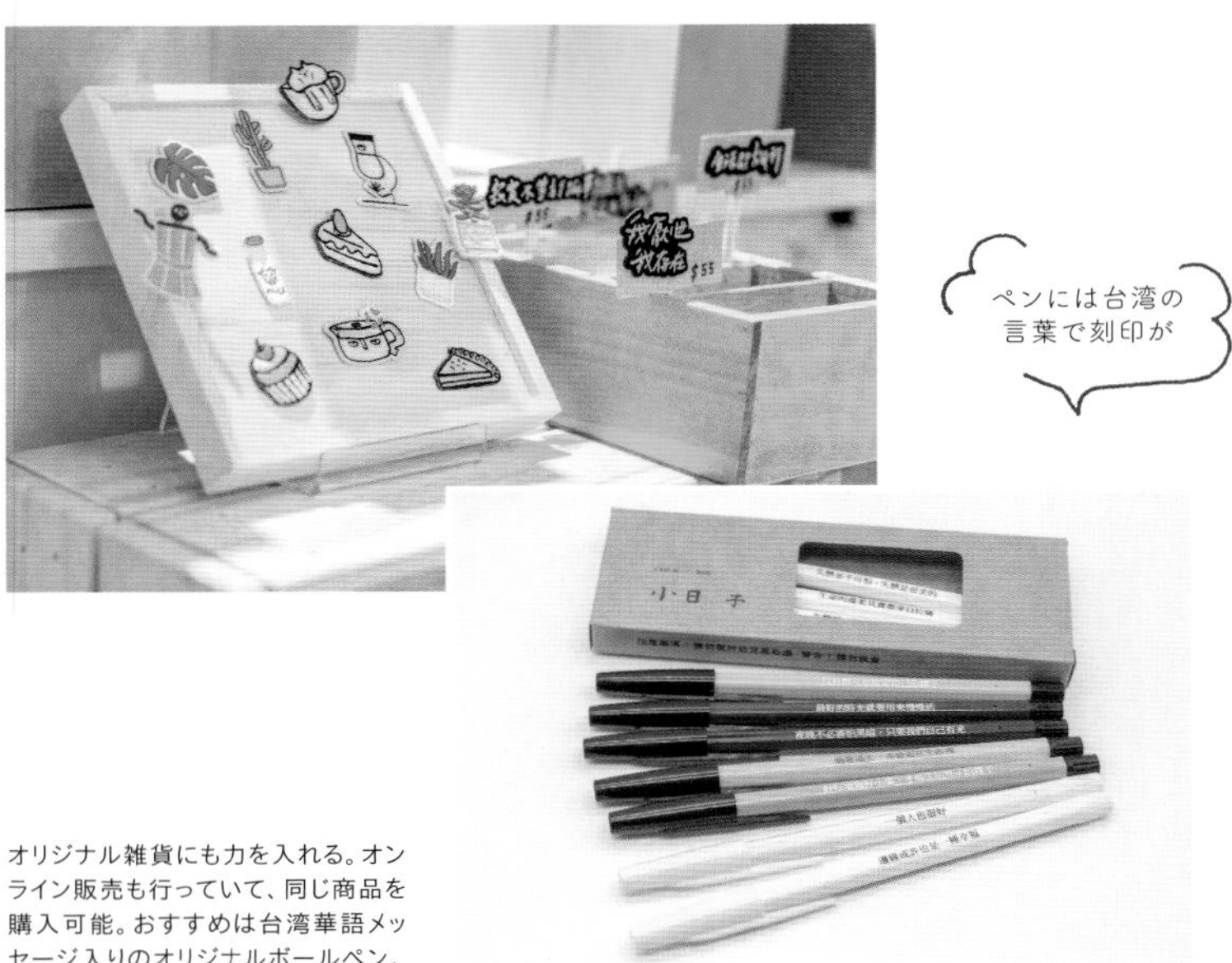

ペンには台湾の
言葉で刻印が

オリジナル雑貨にも力を入れる。オンライン販売も行っていて、同じ商品を購入可能。おすすめは台湾華語メッセージ入りのオリジナルボールペン。

毎号の『小日子』には段ボール紙がはさまっていて、何かしらの付録がついている。香港、中国、シンガポール、マレーシアなどの中華圏でも販売され、発行部数は2万部。定価は1部125元。

読者が成熟してきたことを受けて、内容も文芸誌に近くなってきているという。

紙の雑誌は、台湾でも今、あまり順風満帆な状況ではないという。オンラインでの記事やショッピングサイトなどもあって、そのことも店舗での展開を後押しした。「でも意外なことに、そんな中で若い人たちが、きちんとした記事を読みたがっていることに気がつきました。口当たりの良い、キャッチーなビジュアル主体の紙面づくりではなく、最近はしっかりと長い文章で、意見をはっきり語る。そうしてビジュアルはオンラインで見せていくという方法を取っています」。

現在、紙の雑誌のほうは文字が多く文芸誌に近づき、そうして今の若者が直面しているダブルワークやスラッシュキャリアといった現代特有のイシューにスポットを当てているそう。

店舗の外は、タピオカ店をはじめとしたさまざまな最新ショップが建ち並ぶ、若い人の多い場所。近くに大学があるため、学生街なのだという。雑誌のつくり同様、商品のチョイスもスタッフも若い人が多い。にぎやかなストリートで、今、台湾の若い人たちが向きあっている課題は、目まぐるしく変化している。

Haru Column

民泊ってどう？

Airbnb泊まってみた！

もっと自由できっと快適 旅のカスタマイズを

調べてみたら、2014年からほぼAirbnbしか使っていませんでした。民泊の面白さは、良い意味で暮らしの気配が見られること。以前、台南で泊まったお宿は、1930年に建てられた古いビルディング。風情があってとても素敵でした。ハプニングももちろん。前夜に「配管が壊れた！わたしは友達のところに行くから、うちに泊まって」と連絡が来たり、お隣のパーティが盛り上がりすぎて寝られなかったり、ホテルとはまた違った思い出が作れる民泊、わたしは好きです。

個性的な
インテリア多し

広々ダブルベッドを独り占め。インテリアも民泊の楽しみのひとつです。今回は部屋ごとにアクセントウォールの色が違う、オシャレな作り。でも、飾ってある絵が独特。わたしは何故かチェ・ゲバラに見守られながら寝ました。

だいたいのお宿はWi-Fi完備。このお宿は机もありました。お仕事も、次の日の下調べも、これなら捗りますね。

Airbnb部屋選びのポイント

設備

＊キッチンはある？

＊バスタブ付き？

＊エレベーター有？

キッチンやお風呂はあるか（台湾はシャワーのみが多い）、間取りが掲載されていないので、写真をよ〜く見て。また、スーツケースがあればエレベーターの有無も重要。もちろんセキュリティは万全に！

清潔感

＊水回りをチェック

＊建物の古さは？

問題はだいたい水回り。過去にはお風呂の底が抜けたことも、トイレが壊れていて毎日最寄りの駅まで走ったことも。綺麗にリノベーションされていても、建物が古いと下水の匂いが……。こればかりは写真からはわからないので、クチコミを熟読です。

立地

＊MRTの駅は近い？

＊YouBikeはある？

＊タクシーは通る？

アクセスは何より重要。たくさんお買い物した時、ちょっと疲れた時、さっとお宿に戻れると格段に楽です。YouBikeというレンタサイクルが近所にあれば最高。疲れたらタクシーも活用しましょう。

第4章 体を癒やす

ついでに健康と綺麗も、欲張りましょ

迪化街を歩けば生薬を扱うお店がたくさん。夏は冬瓜茶（とうがんちゃ）、冬は薑母鴨（ジャンムーヤー）、産後には麻油鶏（マーヨージー）と、台湾の人たちの生活の中には食と薬の知恵がたくさん詰まっています。

台中には中国医薬大学があり、最近では若い人を対象にした、オシャレで入りやすい漢方のお店も増えています。古い知恵を新しいスタイルで、これもまたとても台湾らしい。

わたしたちもせっかくなら、

旅の間に健康になりません？
お疲れ気味の羽根子さんのために、とっておきの台湾の知恵、集めておきました。
ちょっと苦くて痛くて面倒くさいかもしれないけれど、健康は値千金。
さ、行きますよ〜。

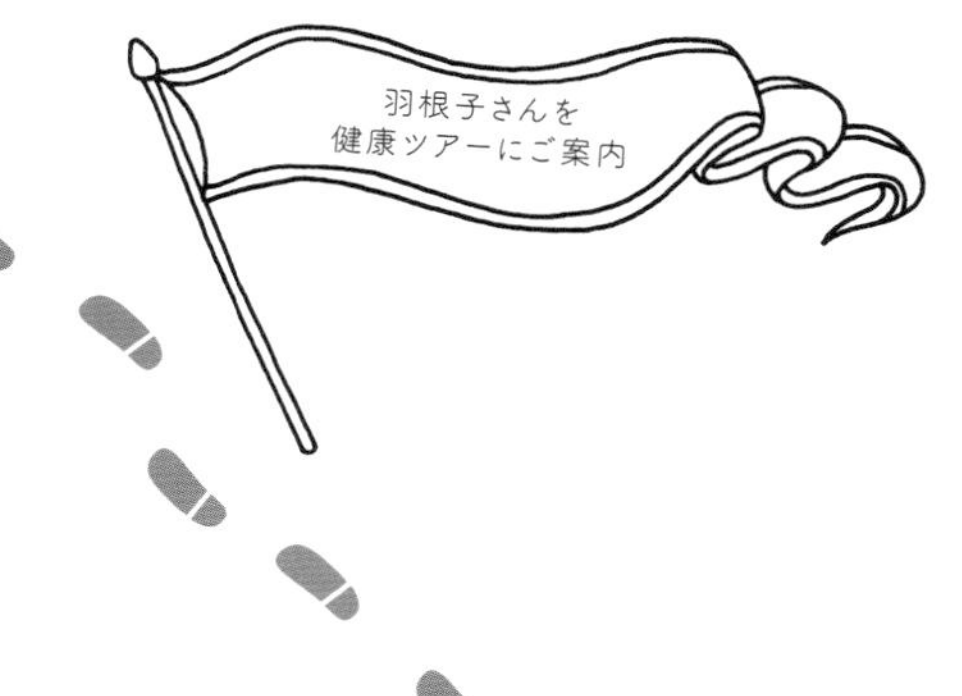

創業70余年の老舗でオーダー漢方を

実は漢方って日本独自のものなんですって。5～6世紀に日本に伝来した中国医学が、日本で発展して漢方になった。でも西洋医学中心の現代日本では、伝統的診断法ができるお医者様はなかなかいません。だけど台湾なら？

と、いうことで、診て貰いましょう、この際ずずいっと。

迪化街にある生元薬行では、中医が常駐して診断してくれます。日本語のできるアシスタントの方もいらっしゃるので、言葉の心配もなし。生薬の匂い漂うお店から歩いてすぐの所に、診療所があります。クリニックといった趣の、すっきりモダンなインテリア。日本人もたくさん訪れるらしく、日本の雑誌やガイドブックも置いてありました。

さて、羽根子さんとわたしの健康状況やいかに……？

Sheng Yuan Pharmacy

生元藥行（シェンユエンヤオハン）

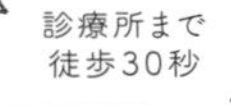

MAP P150

Information

- 台北市大同區南京西路181號
- MRT松山新店線「北門」駅から徒歩10分
- 8:30～21:00（月～土）、9:00～18:00（日）

ずらりと並ぶ圧巻の薬棚

一歩入れば生薬の良い香り。呼吸しているだけで健康になれそう。

教えて！ 漢方ってどんなもの？

漢方の元となった中医学は古代中国で発達した医学です。人間の体質を大きく八綱（表・裏・寒・熱・虚・実・陰・陽）に分類して、体質に合わせた薬を処方するので、同じ症状に対しても処方が異なることが多々あります。体質と症状を分析して組み合わせ、例えば上盛下虚、虚中帯熱、表中有裡、裡中有表といった分類をし、複雑な処方を行います。

朱隆正 医師

さっそく診察

まずは問診。日々の悩みをお伝えして、その後手首の脈をじっくり診ます。何もかも脈から見通されそうで、ドキドキします。羽根子さんは「ちゃんと寝ましょう、きちんと食べましょう、運動もしましょう」とほぼ生活改善アドバイスだった気が……。

私がお手伝いします！

日本語通訳の楊さん

高山は疲れると偏頭痛が出ます。あとは睡眠時間がバラバラなのが気になります。
あとは、あとは………
（症状いっぱい）

「肝鬱脾虚」としました。健康そのものですが、しいていえば心理的なストレスによって胃腸に症状が出ることがあるでしょう。冷えやすさも改善しましょう。

「瘀血凝滞」の症状が出ています。血の巡りが悪く、肩こり、頭痛などを引き起こします。また「肝氣不舒」の症状も見られます。気の巡りが滞り、頭痛、不眠によって落ち込みやすくなります。

春菜の処方箋

「肝鬱脾虚」では、肝と脾を治療します。 処方薬は以下のとおり。

- 逍遥散（しょうようさん）…血液循環改善
- 益母草（やくもそう）…浄血作用
- 丹参（たんじん）……活血、鎮痛
- 延胡索（えんごさく）…胃液抑制作用

羽根子の処方箋

血液をさらさらにして、肝の疏泄作用を順調にして鬱を解消し、気の巡りを良くします。 処方薬は以下のとおり。

- 血府逐瘀湯（けっぷちくおかん）…血液循環改善
- 三七人参（さんしちにんじん）…血流を整える
- 縮砂（しゅくしゃ）……胃腸を整える
- 葛根湯（かっこんとう）…発汗、鎮痛
- 厚朴（こうぼく）……整腸、健胃

いただいた処方箋を薬局の方にお渡しすると、さっそく調合スタート。

わたしたちのお薬は細かい粉にしていただけます。他の方のお薬を見せていただくと、ほぼ石みたいなものや、ほぼ木の塊も……生薬って奥が深い。

これがわたしの漢方！

このまま飲むと苦いしむせるし大変なので、日本に帰ってすぐ袋状のオブラートを買いました。

できた！

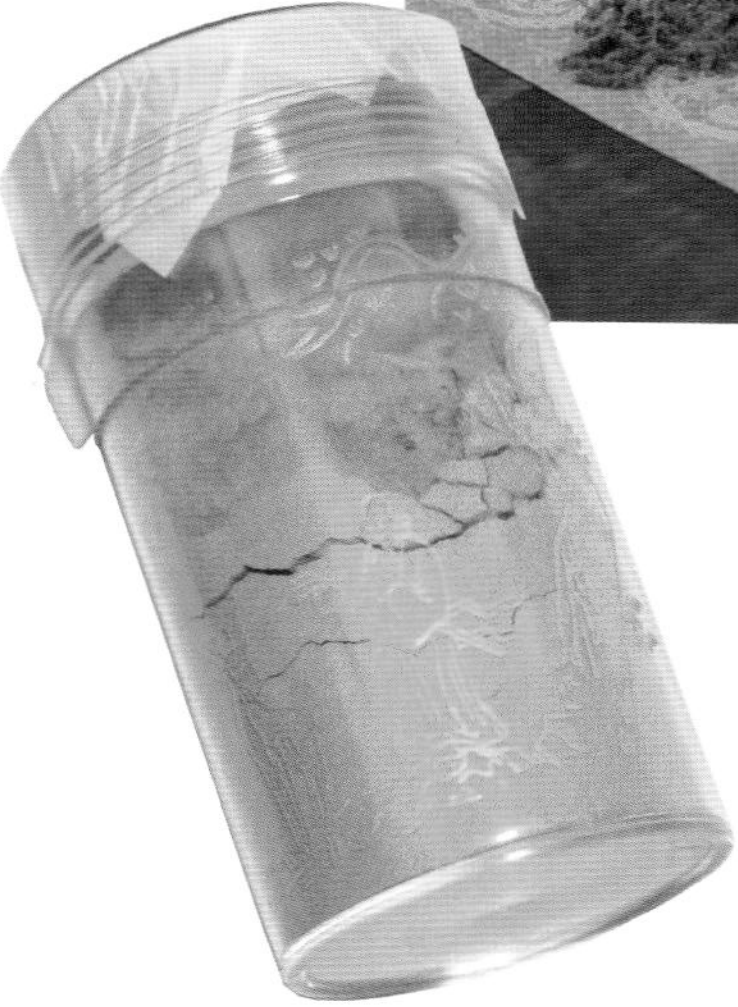

診療所の診察料600元は現金のみのお支払いなので注意。
「生元薬行」ではクレジットカードが使えます。処方にもよりますが、1カ月分で2,000元〜3,000元ほどします。

レディメイドとオーダーメイドから選べるメニュー

伝統茶セットはなんとも渋可愛い。これはわたしの去油存青茶。

MAP P151

Healing Herbar

老濟安（ラオジーアン）

Information

台北市萬華區西昌街84號
MRT板南線「龍山寺」駅から徒歩10分
9:00〜19:00（火〜土）　※日・月定休

若い世代が繋ぐ新たな伝統

薬や漢方を処方して貰うほど大仰ではない、でも何となくの日々の不調を癒やすには。老濟安はそんな悩みに答えをくれる、薬草茶の老舗。

日本語も英語もできる三代目が目指したのは、カウンセリングを通じて、自分で自分を分析できるようになること。同じ症状でも人によって原因が違うし、同じ原因でも出る症状は違う。それぞれに合ったお茶を生活の中に取り入れて、毎日をもう少しすっきり、心地よく。

3代目オーナーの王さん

ぶら下がる ドライ薬草

お店の奥半分は、昔の倉庫の面影をそのままに。昔からのお客さんが、こちらでのんびりお話をされていました。天井から下がったたくさんの薬草、綺麗に仕分けされた名前を見ているだけでも面白い。

いれ方は2種類

選べるお茶はコーヒーフィルターでドリップ。どんな薬草が入っているのか、見えるのがいいね。ドリップするとアクが抜けて飲みやすくなるんですって。

さっとお湯を通しただけなのに、味も成分もしっかり。これはお家でも真似してみよう。

ドリップするタイプ

3分蒸らすタイプ

いろいろ

選べるレディメイド薬草茶と、カウンセリングで作っていただくオーダーメイド薬草茶。ふたりの違いが見えておもしろい。

Haneko's choice

神清気爽茶（すっきりはっきり茶）

頭がすっきりして、リフレッシュできるというお茶。適度な苦みとスッとするハーブの香味で、たしかにすっきりしそう。熱いお湯でももちろん、夏には冷たくして飲んでもよいかも。たしかに普段飲んでいるお茶とはまったくちがう味わいではあるものの、ブレンドの妙か、飲みにくさや薬臭さはなし。ティーバッグで仕事中に気軽に飲めるのがありがたい……！

羽根子ブレンド

不眠や偏頭痛、熱やのぼせを整えて、眼の疲れをすっきりさせる、という効能のあるお茶。けっこう濃く出て苦みもあるのを、甜菊で飲みやすくしたブレンド。こちらはリラックス系なので、仕事の終わりに飲むのがいいかと。いわゆるハーブティというイメージのお茶よりも、ダイレクトに森のようなアロマが……。

こんなの飲みました！ 薬草茶

去油存青茶（脂肪燃焼茶）

Haruna's choice

わたしが選んだのは、たくさん食べるけれど、あんまり動かない人向けのお茶。香りが良くて、少し癖がある、でもすっきり飲みやすい。湯温が冷えると、やや酸味が出てきます。ご飯と一緒にいただくのにも邪魔にならないお味です。これがあればいくら食べても大丈夫?!

春菜ブレンド

わたしはやや冷え性、ストレスがマックスになるとご飯を食べなくなります。そんなわたしのためにブレンドしてくれたのは、喉に優しいスイカズラ、血圧抑制桑の葉、薬用解熱のホソバタイセイ、そして殺菌の枇杷の葉。血の巡りが良くなるんですって。するする飲める、でも舌の両側にやや収斂みを感じる不思議な味。

ブレンドで
色が全然違う！

Information

台北市中山區中山北路二段39巷8號
MRT松山新店線・淡水信義線「中山」駅から徒歩5分
10:00〜20:00

MAP P149

ゴッドハンド
ブルース先生

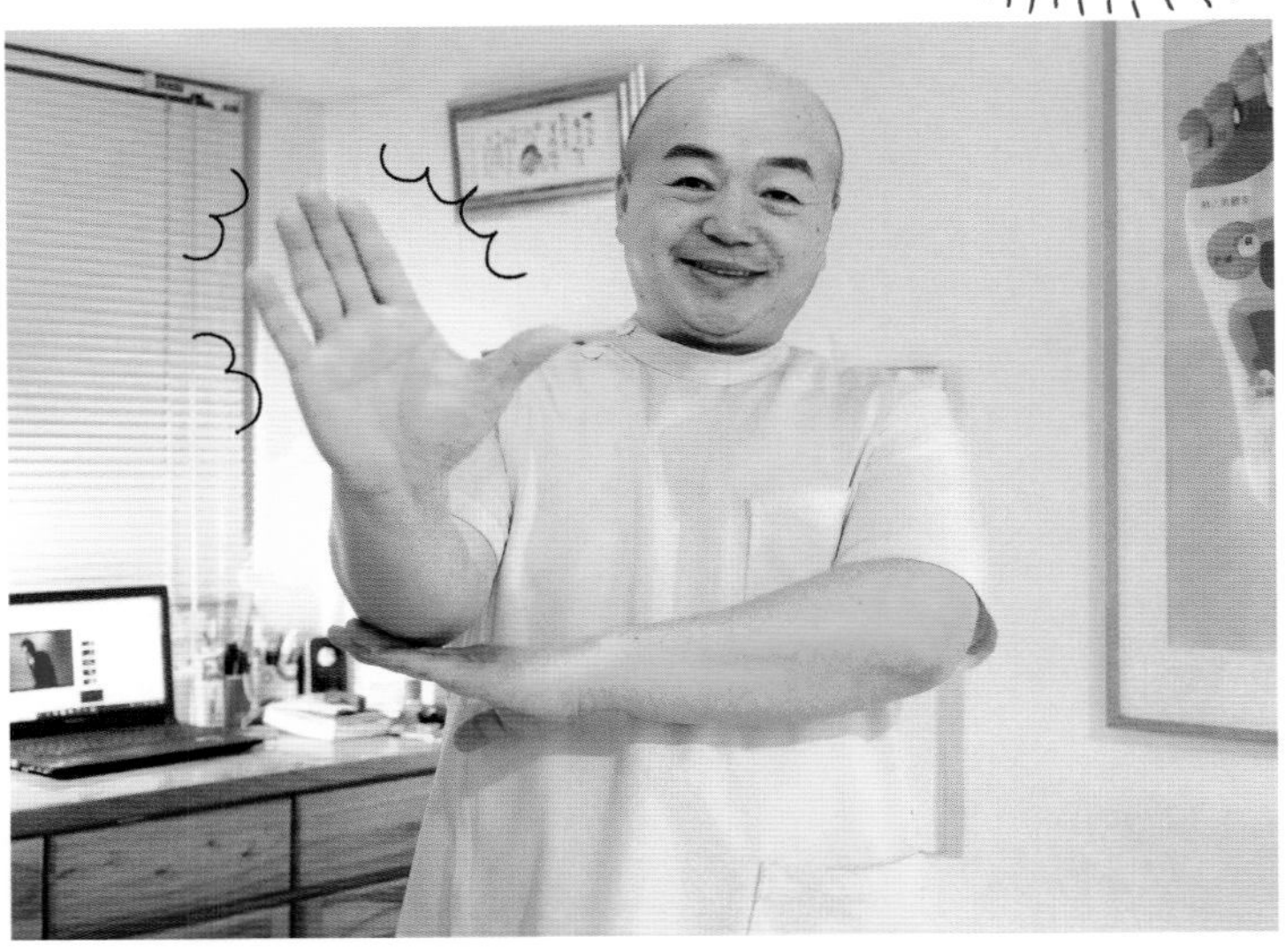

このために台湾に来る人も

ブルース先生のマッサージの腕とお人柄に惚れ込んで、月1で台湾に通う人まで。わたしも絶対毎回来る！

BRUCE Massage

BRUCE健康館

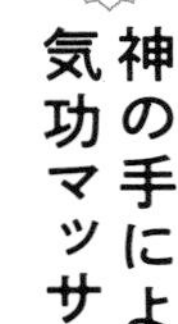

神の手による気功マッサージ

中山北路のビルの上に、マッサージ通がもうここしか行かない、と惚れ込むゴッドハンドがいるんです。

ブルース式マッサージは、元空手チャンピオンの先生が生み出した、独自の療法。体中の気の流れが悪いところを丁寧に、ひとつひとつ解消していきます。先生の大きくて柔らかな手は、まるでクリームパンか、熊の肉球。あったかくてほわほわ夢見心地に。優しいんだけど、ぐいっと的確にツボに入っていきます。ううう、その名の通り、これは「とっておき天国よだれコース」だ……。立ったり座ったりしている姿勢や、おでこの色から、体の悪いところ、直すべき生活習慣もわかるそうです。施術の後は頭も体も元気になりました。あぁ、できれば毎週通いたい。

教えて！気ってどんなもの？

気功の「気」も中医学にある考え方です。体の中には「気」すなわちエネルギーが流れていると考えられていて、これが滞ったり悪くなったりすると不調が表れます。「病は気から」の「気」は気持ちの気ではなく、この中医学の「気」のことです。
「気」や血液が通る道を、中医学で経絡といいます。

店内にある経絡くん

施術前は必ず気の状態をチェック

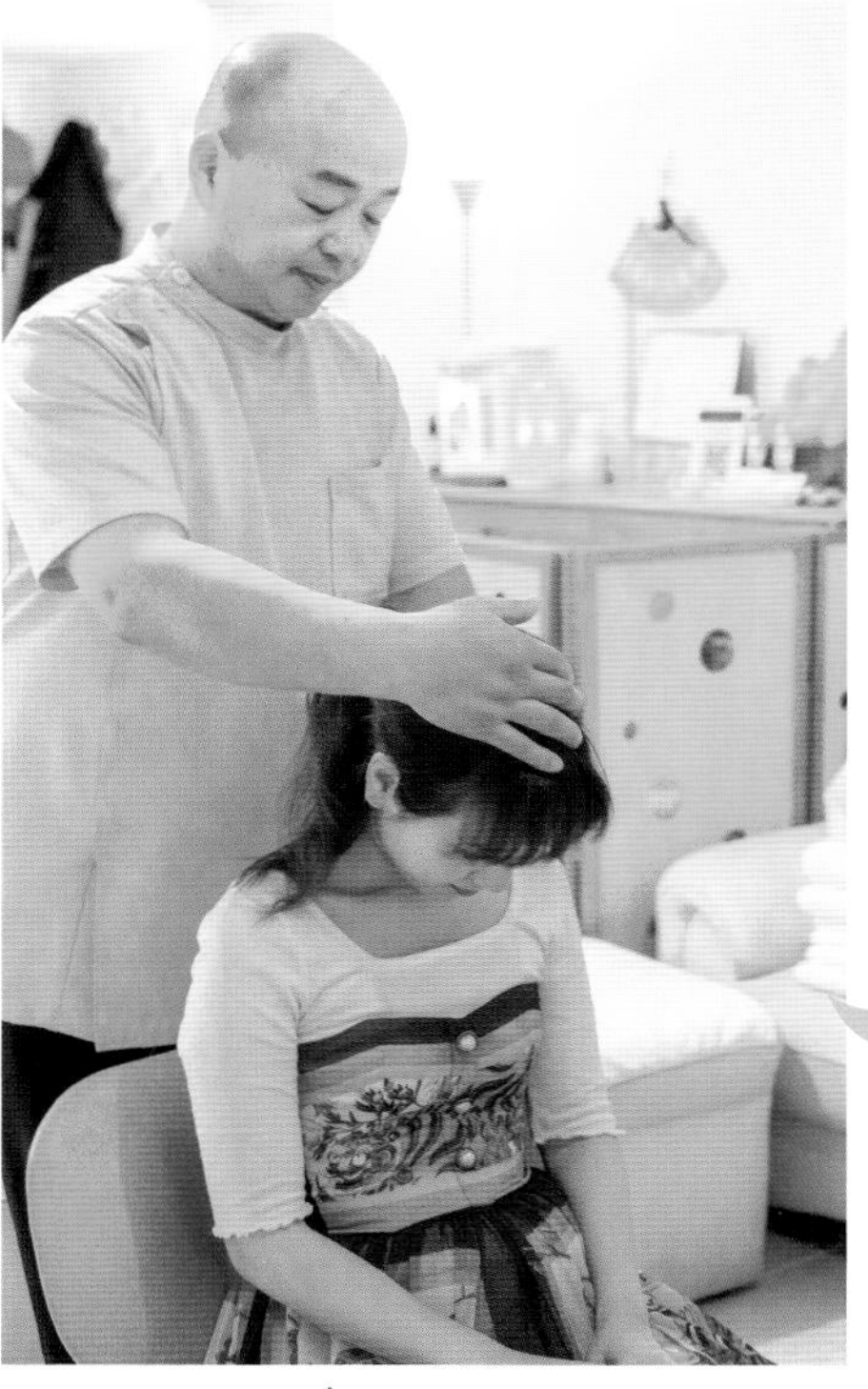

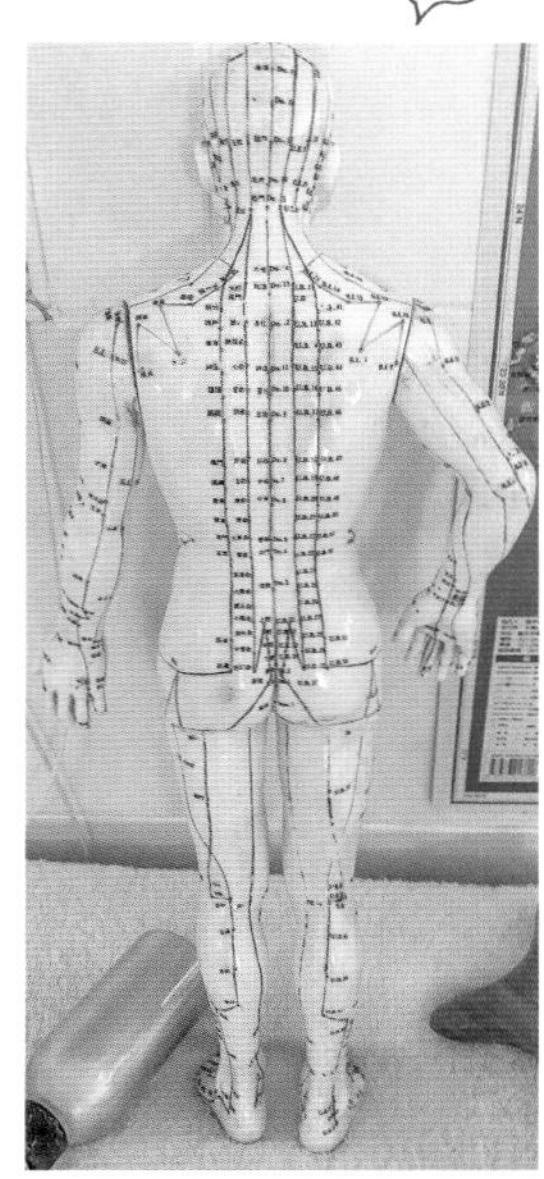

池澤さんは声を使うお仕事ですね。声をお腹から出すと丹田（気が集まる臍の下の部位）をよく使うので、気が通ってとても健康です。体年齢は20歳といっても良いでしょう！

気持ち良すぎる……

教えて！ツボってどんなもの？

ツボは経絡の上にあるポイントです。気の状態がよくないと、ツボに症状が表れて、痛みを感じます。ツボをほぐして気を流すことでデトックス効果があります。

覚えておきたい ブルース流 足裏ツボ一覧

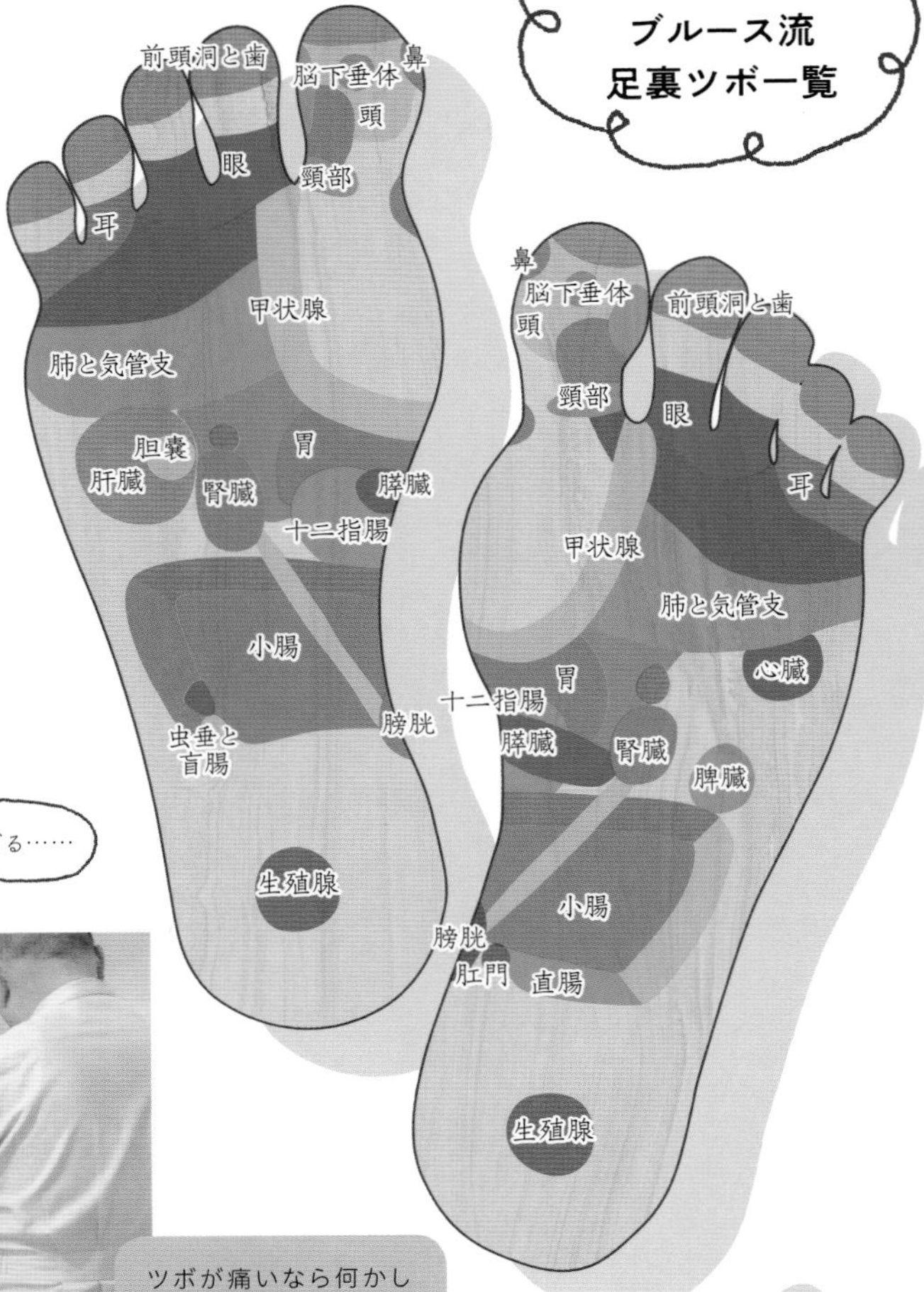

前頭洞と歯
脳下垂体
鼻
頭
眼
頸部
耳
甲状腺
肺と気管支
胆嚢
胃
肝臓
腎臓
膵臓
十二指腸
小腸
膀胱
虫垂と盲腸
生殖腺

鼻
脳下垂体
前頭洞と歯
頭
頸部
眼
耳
甲状腺
肺と気管支
心臓
胃
十二指腸
膵臓
腎臓
脾臓
小腸
膀胱
肛門
直腸
生殖腺

気持ち良すぎる……

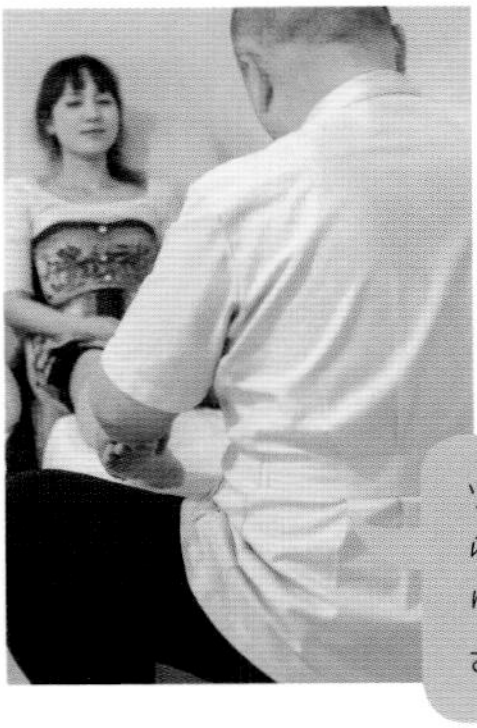

ツボが痛いなら何かしら健康状態に不調があります。痛がらない池澤さんは本当に、超健康！

羽根子さん、いかがですか？

施術は羽根子さんからスタート。って、えええええ、何事!?　悶絶し、悲鳴を上げ、息も絶え絶えの羽根子さん……。そ、そんなに痛いの!?　と怯えながら施術を受けたら、あれ、気持ちいい、全然痛くない。もう、羽根子さんったらエンターテイナーなんだから。

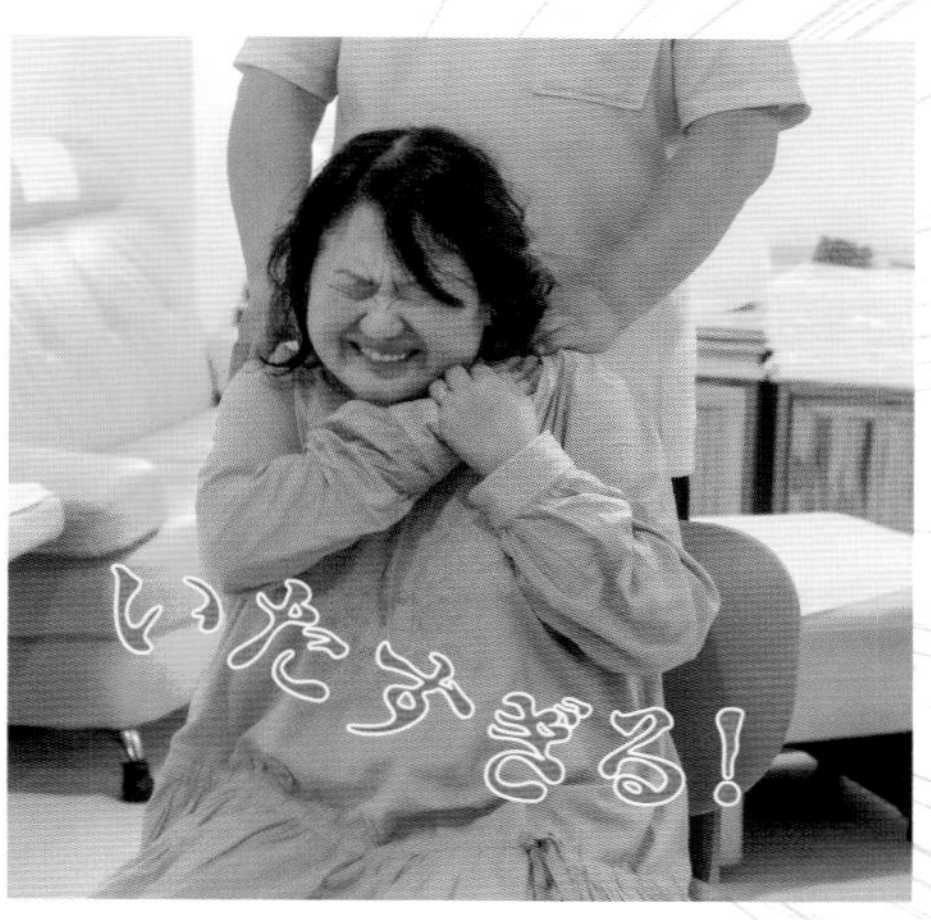

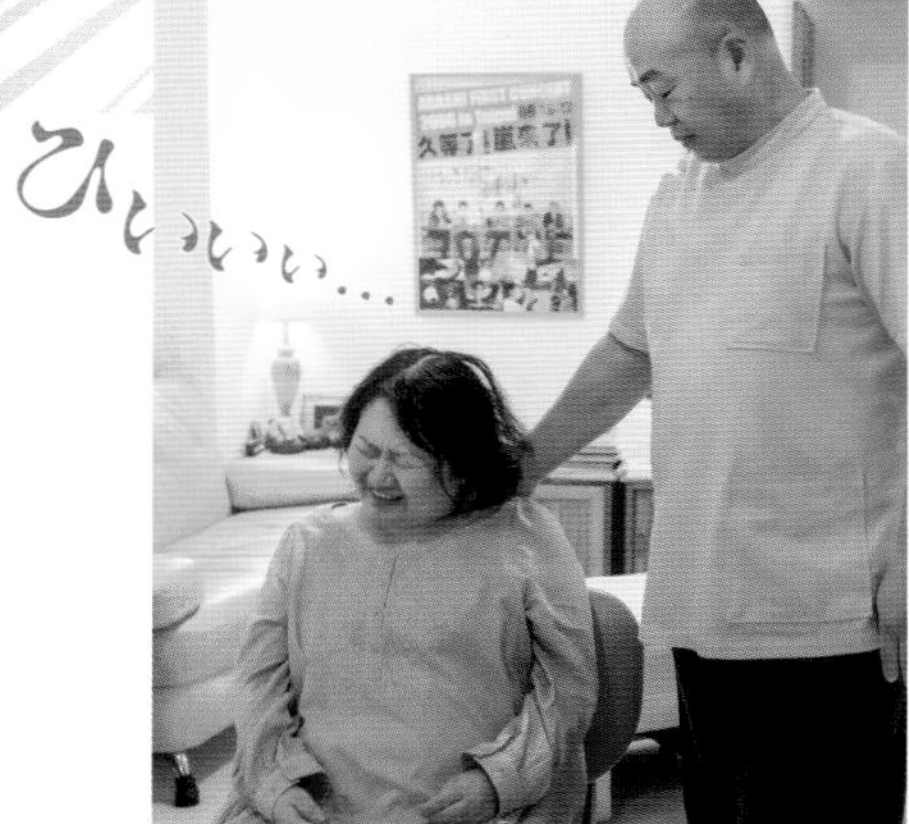

高山さんは、元々とても健康なのに、頭を使いすぎです。下半身の運動量が足りず、冷たいものを飲むので膀胱の気が詰まっていて、むくみが出ています。息が上がるのも気が詰まっている証拠です。

軽いマッサージでも
不調な箇所は赤くなる

本当に痛かった……。直後はすっきりするけれど、先生が「70%くらいは良くなった」というように、1回や2回ではどうにもならなさそう。普段の行いと、月イチで通うことができれば……！

Haru Hane Column

30日チャレンジ

漢方続けてみた！

春菜の場合

せっかく処方していただいたのなら飲みきらねば！と思ったけど、敵は携帯性にあり……。だって嵩張る（かさ）し、飲みにくいし、何より凄い匂い。ということで、まず買ったのは袋状のオブラート。1回分がギリギリ入ります。時間がある時にまとめて作っておけば、いつでもどこでも飲める。それでもちょっと匂うけれど、こればかりは解決できず。

オブラートに包んだ漢方を密封ビニール袋に入れて持ち歩き。これで飲み忘れもなし！

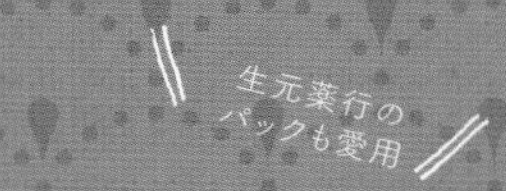
生元薬行のパックも愛用

春菜の処方箋

「肝鬱脾虚」では、肝と脾を治療します。処方薬は以下のとおり。

- 逍遥散（しょうようさん）
- 益母草（やくもそう）
- 丹参（たんじん）
- 延胡索（えんごさく）

こんな効果がありました

- 生理痛がびっくりするくらい軽くなった！
- 今年は手足があんまり冷えない気がする
- あれ、肩こりも楽だぞ？

羽根子の処方箋

血液をさらさらにして、肝の疏泄作用を順調にして鬱を解消し、気の巡りを良くします。処方薬は以下のとおり。

- 血府逐瘀湯（けっぷちくおかん）
- 三七人参（さんしちにんじん）
- 縮砂（しゅくしゃ）
- 葛根湯（かっこんとう）
- 厚朴（こうぼく）

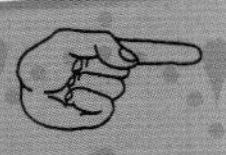

こんな効果がありました

- 漢方薬を飲むために食事を取るようになった
- むくみが取れたと言われた
- 胃の調子が良い

羽根子の場合

先生には「仕事のし過ぎだからもっと休みなさい」という、あまり漢方に関係ないアドバイスをいただき、（春菜さんよりずっと忙しさは少ないと思うのだけど）持ち帰った漢方。３度の食事で飲むとか、飲む量が多いとかで、自然と食事に気を使うという効果はあったと思います。処方箋は保管できるので経過を相談できるし、ネットで注文できるので（初診は要訪問）、長くお世話になれる安心感があるかも。

第5章

台湾アート最前線

ギャラリスト・作家に聞いた現代アートシーンin台湾

アート事情、現場の話をきいてみた

Haneko Request

台湾を旅している最中に、美術館やギャラリー、大学生や若い人たちがやっているフェスのようなアートイベントに出くわすことがある。立ち寄ってぼんやり観ていると、国の状況にさほど詳しくなくとも、台湾のアートシーンが刻一刻と変化しているのは、はっきりわかる。きっと経済

や社会、教育、政治あらゆることの反映によって、人々の表現もゆるゆると絶えず動き続けているんだろう。

最近では台湾のギャラリーで海外の作家が展示をするケースも多い。こんな中で、ギャラリーを運営し、作家のそばにいるギャラリストや、作品を発信する若い作家に、台湾の美術作家がどういうふうに世界に向けて作品を発表し、活動しているのか、国の補助や政策、現代の社会に対してどのようにメッセージを送ろうとしているのか、これからこの国のアートが向かう方向について、たずねてみたいと思った。

Information

台北市大同區甘州街25號
MRT中和新蘆線「大橋頭」駅から徒歩5分
14:00〜20:00
※展示情報はウェブサイトをご確認ください。

MAP P150

OPEN COMTEMPORARY ART CENTER / OCAC

打開（ダーカイ）-當代藝術工作站（ダンダイイーシューゴンズゥオザン）

美大コミュニティから生まれたアーティストコレクティブ

台北市大同区の通りに面したガラス張りの扉。かつて雑貨店だったという古い建物の中は、1階のギャラリーと2階のオフィス、3階のゲストルームに分かれている。

階段を上ってオフィスに行くと、ギャラリストの羅さんとアーティストの林さんがいた。個人のギャラリストによって運営されているこういった小規模なギャラリーは、台北にいくつもある。東京でいう銀座のようなギャラリー街というものは存在しないけれど、「どこかひとつにたどり着ければ、あらゆるところに紹介ができます」という言葉は頼もしい。映画だとかお芝居のように、一度見るとそこからあらゆる方向に視界が開ける。

羅さんはここで、大型の現代美術館とは別の、独立性のある表現にフォーカスを当てているという。何度目かの台湾ならこういったギャラリーを散歩がてらめぐるのも良いかもしれない。

以前ここでは、近くの専門店から買ってきた漢方薬を基に楽譜を作り、音で人を回復させる展示を行ったことがあるという。「ギャラリーの前を歩いたときにふと気づく香りなど、オンラインでなくオフラインの、エンカウントのようなものを楽しんでほしいとも思います」。

ギャラリーにたまたまいあわせたアーティストの林さんは、学生時代、貿易などのテクノロジーを学んでいたという若手の現代芸術作家。先日までここで発表していた作品は、太極拳の動きを、機械や家電の動きから取って表現するというもの。

「太極拳は普通、かつて身近だった動物や植物、自然の動きを表しますが、今の私たちに身近なのは電気スタンドやパソコン、LANケーブルなどです」

道具として作られた人工物の動きを、再び人の側に反映させ、人同士のコミュニケーションを作品によって循環させる、という試みが印象的だった。

ギャラリストの羅さん

日本と同様に、美術の大学を出て賞を取り、作家になる人も多い。けれどもそれだけでなく、現在の作家は多様で、あらゆることを学んだ人が作品を制作している。羅さんによると台湾の最近の作家は、ひとつのテーマを掘り下げ、集中し長い時間をかけて作品に取り組む人が多いという。

羅さんや林さんの口から繰り返し出る「アイデンティティ」という言葉がとても心に残った。台湾の若者のアイデンティティの確認や表明は、きっと日本人のそれとあらゆる面でちがい、またいくつかは共通しているんだろう。

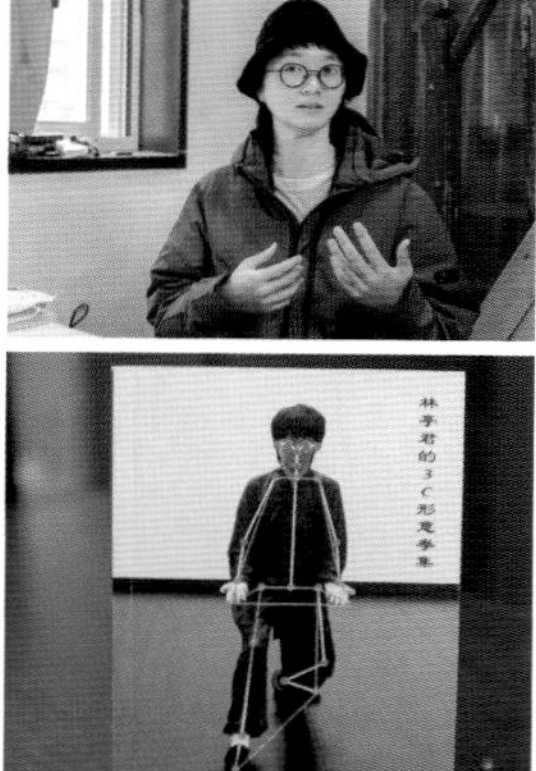

作家の林さんと、作品展『3C XIN YI QUAN』のパンフレット。3CのCはコンピュータ、コミュニケーション、コンシューマーエレクトロニクス（家電）を表す。

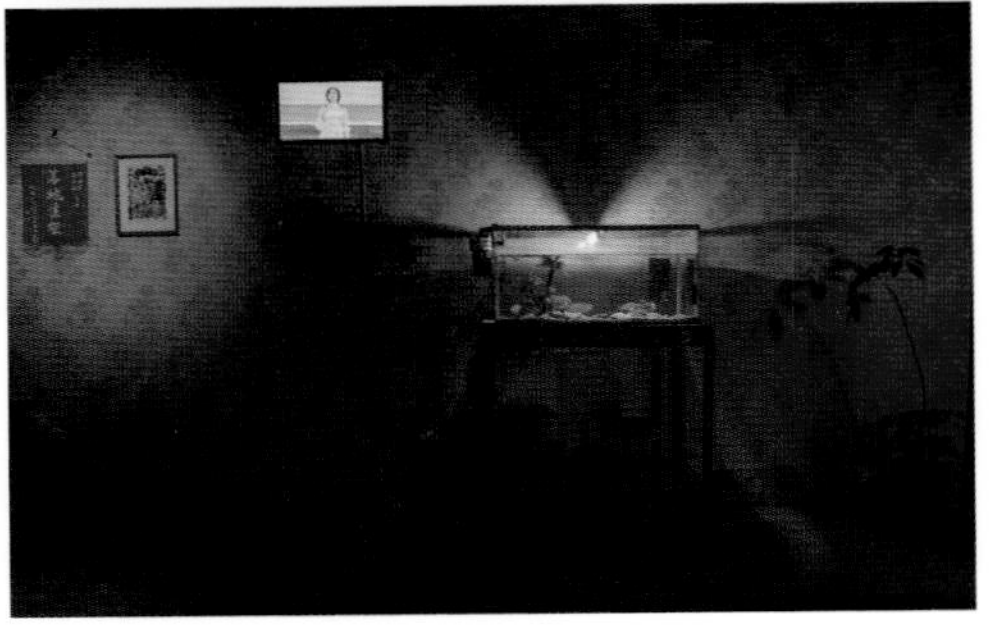

PETAMU Project
（2018）

OCACでは作家と作家をつなげるコミュニケーションプロジェクトの起ちあげに重点を置いている。近年では東南アジアのアートグループとの交流をはじめ、台湾のアーティストと国際的なアーティストの共同創作を進めている。台湾、インドネシア、マレーシアから4つのアートグループが参加した「PETAMU Project」では、展示のテーマとしてマレー語を使用した。異なる文化的背景を持つクリエイターを互いに引きあわせ、互いの文化を深く理解することを目指している。

CO Temporary：
Itu Apa Island
(2017)

インドネシアのアートグループLifepatchとのコラボレーションプロジェクト。1カ月半をかけて、Lifepatchの拠点施設を十数人のアーティストによって共同改装した。屋根に階段を取り付けたり、中庭にプールを設置したりと制作は大がかりだった。

THAITAI: A Measure
of Understanding
(2012-2014)

2012年からスタートしたタイのチームとの共同プロジェクト。OCACが半年間タイのバンコクに拠点を移し、「台泰熱」(THAITAI Fever)と銘打った展示を複数回開催した後、台湾でも同じ展示を行った。

Pick up
ギャラリー
WALEY ART

水谷藝術（スウェイグゥイーシュー）

Information

台北市萬華區萬大路322巷6號
MRT板南線「龍山寺」駅から徒歩15分
12:00～19:30
※展示情報はウェブサイトをご確認ください。

MAP P149

古いビル6フロアすべてで気鋭アーティストを育てる

地下1階、地上5階までの古いビルを1棟使ったギャラリーになっているのがここ。それぞれのフロアで別々の作品を展示することもあるし、すべての場所をひとつの作品空間にすることもあるという。

「ここはこれから国立美術館や海外で有名になっていく才能にあふれた新人作家が、人生ではじめての個展をする会場、というようなギャラリーです」という彭さんも、若手の気鋭ギャラリスト。

ギャラリストの彭さん

ビルの中にはオフィス、作家の寝泊まりするアーティスト・イン・レジデンス（ＡＩＲ）の場所も備え、海外からの優秀な作家に制作と生活、展示の場所を提供する。ここでは展示テーマを決めた上での公募展示など、このビルの特徴を活かした作品展開を観ることができる。ここをはじめ、ＡＩＲを行う多くのギャラリーは、国から助成が出ているという。

地下は窓がなくすべてが白い壁面になるので、映像作品などの展示が多い。各階は事務所や倉庫、ギャラリーと独立し、屋根つきの屋上もそれを活かした作品が展示される。

白壁のフロアは映像展示にも独特の質感を生み出す。ほかに壁の青い部屋もある。

その場に行き、暮らし、その空気の中で作り、展示ができるというやり方に、この場所は大変あっているように感じられた。

グループ展示などでも、それぞれのフロアに分かれて展示をすると、エレベーターがないため階段での移動がはさまる。細くて暗い階段は、古い台湾建築ならではの特徴だけれど、それがかえって視覚効果を生んでフロアごとに新しいギャラリーに来たような気持ちで観ることができる。

「パフォーマンスやライブアートなど、ギャラリーの自由度はとても高いので、そういった部分も楽しむような気持ちで観に来てもらいたい」という。

現在は、近隣の建物に許可を得て、窓から外に板を延ばす作品を企画中だという。大きな美術館では味わえないライブ感も、こういったギャラリーなら体験できる。展示内容やイベントなどの予定はつど、オンラインやSNSで案内している。旅のプランにも組み入れられやすいということもあるが、なにより大きな美術館とはちがってその場所でしか味わえない、芸術祭での展示のような雰囲気を楽しめる。

名物猫の「前女友」。あるじらしくインタビュー中のテーブルに鎮座している。

名前の意味は「元カノ」です

大輿圖計畫 PROJECT GROSSATLAS ISLAND (2016)

水谷藝術の共同設立者でもある張致中の個展。「ビッグマップ」計画を主軸とした展示では、台湾の主要な島を行政地域ごとに16の小さな島に分割し、行政区の境界、地名、現在の出来事、歴史および地理的記録から「フォルモサ」島の歴史を解体し、再編成した。

天堂紀事 (2016)

アメリカの美術大学を卒業後、名門クランブルック芸術大学で学んだ新進気鋭の作家・王佩瑄の個展。グローバル化に直面した個人的な経験と、外界との複雑な結びつきをインスタレーション、オブジェ制作、映像作品などに反映している。

Pick up
アート施設

アーティスト同士の
国際交流

MAP
P149

Information

台北市中正區北平東路7號
MRT板南線「善導寺」駅から徒歩5分
11:00〜21:00(火〜日)
※月定休

Taipei artist village

台北國際藝術村

（タイペイグォジーイーシューツン）

台湾の文化政策が生んだ アーティスト・イン・レジデンス(AIR)

台北駅から歩いて10分もかからない、行政院のほど近くにある建物は、ギャラリーやレジデンス機能を備えた芸術センターになっている。

政府が持つ財団の基金から資金提供を受けているが、運営は独自に行っている。台湾の芸術家には国外で創作を行ってもらい、国外のアーティストを台湾に呼び込む活動によって、アーティスト同士の交流を図る。

「そういった活動をしているので、ここに滞在しているのは海外の人が多いですね。選考を通過してやってくる人もいます。こちらからお願いして滞在・創作してもらう場合もあります。だいたい3カ月は滞在しま

キュレーターの抶さん

す」と話すのは、キュレーターの扶さん。

　最近はインタラクティブな作品など、ＩＴとアートを融合させた作品が注目されている。大規模なアートフェスなどでは、照明や映像といった、光を活用した展示も多い。意外なことに、本来芸術を敬遠しがちな年配の観客に対しては、テクノロジーを取り入れたほうが受け入れられやすくなるという。絵だけの作品より、身近に、新鮮に感じてもらえるようになるのだそう。

　台湾のギャラリーでは、あらゆるところで盛んにＡＩＲが行われている。台湾はオランダ、中国、日本など統治がめまぐるしく変化し、特殊な歴史をたどってきた。国の成り立ちや文化のちがいを発見するために交流が大切だというのは、日本ももちろん、世界中、すべての国で共通することだとも思うけれど、台湾の作家は特にその意識が強いのだという。

　ここを訪れたときは、ドイツ、イギリスに送り出した台湾の芸術家を呼び戻し、台湾在住作家と計3名の共同展示を開催していた。台湾という国や政治にからめた表現は、台湾の特徴であるとともに、課題でもあるという。

(上) レジデンス滞在者の部屋札。写真入りの名刺で滞在者がわかる。　(下) 居室とアトリエが一体型になったレジデンスの一部屋。建物内にはダンススタジオやメディアルームなどさまざまな施設があり、アーティストが自由に創作活動を行うことができる。

「台湾のアイデンティティを語る上で、中国も大きな存在です。中国の著名な現代作家からも影響を受けていますし、芸術を商業的に語る上で中国はとても大きなマーケットです。ただ歴史的なかかわりの複雑さもあって、台湾のアーティストには葛藤がある人もいます」

　日本の作家は、政治的な内容が薄く個人的な経験に帰結しがちだ、という話はどこの国でも語られるし、自分でも心当たりがある。ただ彼らの中にも、それぞれ問題や葛藤があるのだとわかった。

實位移(2020)

芸術村のプログラムで海外に創作滞在した台湾人作家の展示が頻繁に開催される。日本語に訳すと「現実と現実の変位」と題されたこの展示は、ドイツのアパート・デア・クンストを訪れた劉致宏と黄李輝、2018年にマンチェスター中国現代美術センターを訪れた康雅筑の共同展。

劉致宏は何千マイルも離れたドイツでも、地元と同じような川を目の当たりにしたことで、ちがうけれど同じもの、というテーマを想起。本物と偽物の窓の間に川の写真と絵を置き、時間と空間を融合する展示を行った。

康雅筑はイギリス・インド・香港を訪れ、綿花産業が見せる三つの側面を作品で表現。産業革命から時間の流れを追い、産業がもたらした功績と犠牲を立体、絵画、織物で表している。

扶さんに日本語で
アテンドして
いただきました

Pick up
ギャラリー

Polymer

空場（コンチャン）

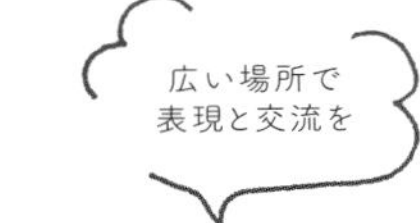

Information

リニューアル中
※新住所、開業情報などの詳細はウェブサイトをご確認ください。

広い空間を活用したアーティスト交流&表現の場

繊維工場の跡地に展開していた現代美術のギャラリーである「空場 ポリマー」が、新たな場所に展開するというのを知り、行ってみた。そこはなんと、エビ釣り堀の廃墟。

こんな場所に？と思えるほどの道路ぞい、まだオープン前の空間、あらゆるところに、プールや看板など、エビ釣り堀に使われていた痕跡が残る。日本でギャラリーときいて想像する場所の何倍も広く、天井も高い。会場の端に

エビ釣り堀をアートスペースへと改装中。ベネチア・ビエンナーレでも展示した大型作品は左奥側に。

はベネチア・ビエンナーレで展示されていたという作品も置かれている。「水がふんだんに使える環境なので、そういった特性も展示に反映させるつもりです」という黄さん。活かせるところは活かして。これは台湾でなにかを新しく始めるときの大切な要素らしい。お金がかからないということもあるのかもしれないけれど、それ以上に、古い場所を見直すことは今の若い台湾人のアイデンティティに深くかかわっているように思える。

オーガナイザーの黄さん

台湾のあちこちにこういった古い釣り堀が存在しているのは、戒厳令時代はあまり海に出られなかったからだという。外の世界につながる「海」に行くことを制限され、娯楽としての釣り堀が栄えたかつての台湾の名残を映す場所が、新しい芸術家の発信基地になる。自由を制限されていた時代の遊び場が、国の境界を解体するギャラリーとして、海外の作家も含めた交流の場へと変化することがとてもおもしろい。

現在までも、ポリマーは単にギャラリー、作品発表の場としてだけでなく、交流、人のコミュニケーションの場として機能してきた。

2019年まで運営していた北投時代のPolymer。ここでも工場跡を利用してスペースを広く使った展示を行っていた。

台北では東京同様、年に1回、アートブックフェアが開催されている。作品の売買ではなく「本」を看板に掲げているのは興味深い。最初期からたずさわる黄さんによれば、本という形があることで、作家やギャラリスト、キュレーターたちだけでなく、出版関連の人々も集まるという。去年も230のアーティストやグループが参加、うち90が海外からで、16カ国にも及んだ。当然、出店する人だけでなく、旅行者が観覧目的で行っても楽しめる。開催時期はウェブサイトでも確認可能。台湾アートシーンの現在を1カ所で俯瞰し、把握することができるいい機会。さらに、作品そのものの購入だとアートが好きなだけの門外漢にはハードルが高いけれど、扱っているのが本であれば購入しやすい。

台湾のあらゆるギャラリー同様、彼もまた多くのイベントに参加し、運営にも関わっている。ポリマーは現在も、次々と場をオーガナイズし続けている。最新の活動から目が離せない。

台北アートブックフェア

これまで4度開催されたアートブックフェア。写真は松山文創園区で開催された2018年のようす。日本人のアーティストもいくつかブースを出展している。

Lagoon Apeiron exhibition (2019)

黄さんが手がけた、台北クリエイティブエキスポ内での展示。現在改装中のエビ釣り堀に着眼したのもこの展示がきっかけ。エビ釣り堀を「Lagoon Aperion（境界のない水場）」に見立て、歴史をひも解いていく試みだという。

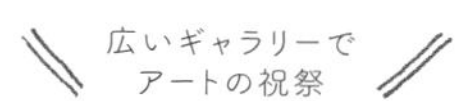

Theatre of Flows raumlaborberlin (2019)

ベルリンの建築家と都市デザイナーなどがさまざまな廃棄物を使用して社会問題を強調するための一時的な建物を建設する試み。さまざまなワークショップ、インスタレーション、またパフォーマンスを通じて、主流建築の生産モードを批判した。

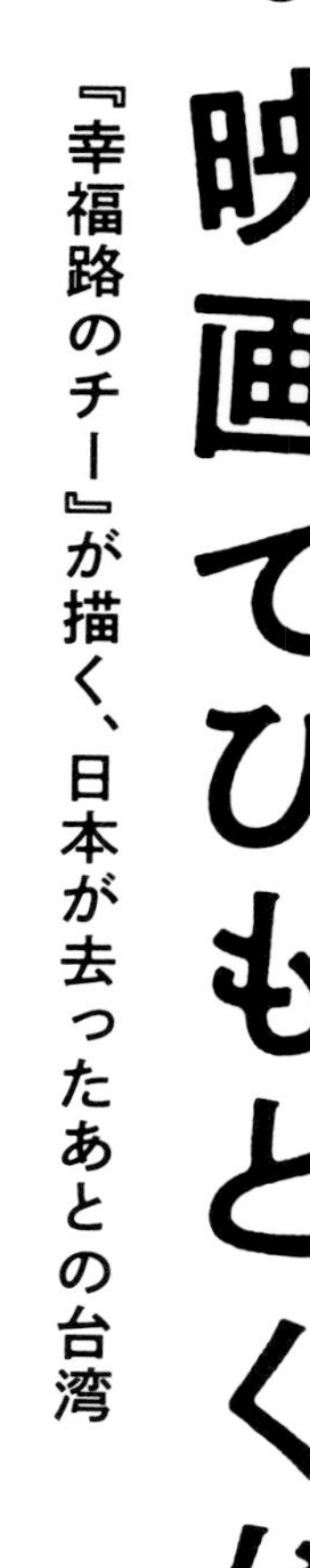

第6章 映画でひもとく台湾史

『幸福路のチー』が描く、日本が去ったあとの台湾

これまで、台湾のアニメ映画といえば？　と聞かれて、答えられる作品があったでしょうか。2019年11月に日本でも公開された台湾のアニメ映画『幸福路のチー』は、さまざまな意味で快挙といえる映画です。

本国での公開は2017年。翌年に東京アニメアワードの国際コンペティション部門でグランプリを受賞すると、この作品のためだけにアニメスタジオが起ち上げられたことや、宋監督が映像監督であるというエピソードとともに、驚きをもって日本に迎えられました。でも最も驚いたのは、この中で描かれる台湾の歴史に、あまりに無知であると突きつけられたことかもしれません。

幸福路のチー
（2020年6月24日発売）
発売：竹書房、フロンティアワークス／販売：フロンティアワークス
BD：4,800円（税別）
DVD：3,800円（税別）

あらすじ

実在の街を舞台に交錯する現在と過去

物語は、アメリカで暮らす30代女性リン・スーチー（愛称チー）に1本の電話が入るところから始まります。祖母の訃報を聞いて故郷台湾の地をふんだチーの前に立ちはだかるのは、近代的に整備された運河、見覚えのない高層ビル。流れた年月を実感したチーは、ゆっくりと記憶をたどり始めます。

蒋介石が死去したその日、入れ替わるように誕生したチーは空想好きの少女。「世界を変える偉い人になりたい」と夢を語

り、小学校では両親が読み書きできない北京語で勉強しています。そんなチーを医学部に入学させようと、なりふり構わず必死で働く両親。期待に応えて進学校に進むチーですが、さまざまな思想に触れるうちに文系を志し、卒業後は新聞社に就職。多忙な生活から逃げるようにアメリカにわたりますが……。

映画では、ひとりの女性の半生を追いながら、その節目ごとに起こる歴史的事件が淡々と語られます。時代そのものが、個人の決断や選択を大きく左右することを描き、観るものに問いかけるのです。

「あの日思い描いた未来に、私は今、立てている?」

映画の舞台を歩いてみた！

幸福路の春菜

街は変わっても、橋の面影はそのまま。今にもチーとすれ違いそうな不思議な感覚。

Information

新北市新莊區幸福路
MRT環状線「幸福」駅から徒歩5分

MAP P148

どこにでもある ここにしかない

映画の舞台となった幸福路、当時の面影はほとんどなく、お店が建ち並ぶ台湾の典型的な街並み。何にも特別なところはないように思える。だけど、映画を見てから訪れれば特別な街になる。街中に溢れる『幸福』の文字、まるで宝探しみたいで楽しい。道路標識はもちろん、幸福カフェに幸福眼鏡屋さん、幸福歯医者、幸福橋、当たり前だけど全部幸福！

幸福色に染まった時間でした。

ここにも発見！

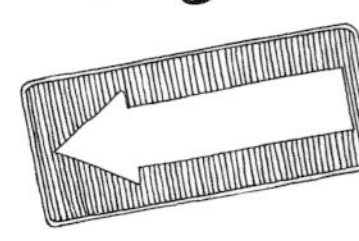

こういう古いお店はさすがにもうあまりなかったなぁ。時代と共に街の顔も変わっていきます。

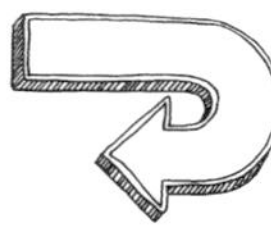

偶然見つけた柴犬屋さん(?)。柴犬幸福って、文字を見るだけで幸福になれる気がしません？

どこにでもある風景なのに、
映画を通して見渡すと、
街に重なっている時間の流れ、
人の暮らしのレイヤーが
1枚ずつ剥がれていって、
街の骨格が見えてきた。
まるで魔法のようでした。

北66
幸福路
Xingfu
Rd.

Special Interview

宋（ソン）欣穎（シンイン）監督に聞く 台湾が歩んできた道

『幸福路のチー』の宋監督は現在、台北在住。無事に日本での公開を終えたばかりの監督にお会いする機会を得ました。映画のことはもちろん、著者たちと同じ世代の監督が、どのような背景でこのような映画を制作したのか、その思いを聞くことができました。

高山（以下高）　今回はこのような機会をいただき、ありがとうございます。映画を大変おもしろく観ました。

池澤（以下池）　私たちは台湾が大好きで、もっとふみ込んだ文化や暮らしを知ってほしくて。今回はさまざまなスポット紹介だけでなく、体験を伝える本にしたいと思っています。

宋監督（以下宋）　ありがとうございます。今でも日本に年に一度は行きますが、京都の建築家の方が、台湾にまだ日本の町家があるのが素晴らしいと驚いていたことがあって。日本統治の歴史は知っているのに、日本建築があることには驚くのだと、そのことに驚きました。台湾人は日本が大好きですが、日本人は台湾に対する理解があまりないと思っているんです。だからこの映画で知ってもらえるとうれしいです。

高　映画でおもしろいと思ったのは、物語のタイムラインが行ったり来たりするところです。主人公の幼少期、思春期、青年期が交錯し、さらに母親、アミ族の祖母と、各世代の女性の一生を同じ画面で見ている感じでした。それぞれに信じている政治がちょっとずつ違うことが細かく描かれていて、当時の政治家もたくさん登場しますよね。チーの日常として、空想のファンタジーと、史実に忠実な出来事が違和感なく交わっていますが、ストーリーを描くうえで注意したことはありますか？

宋　映画の中で出てきた歴史的な事件は、台湾人なら誰でも覚えている大事件です。ストーリーに織り込んだのは、私自身にとって特に印象的だった出来事が中心ではありますが、それ以上に重要なポイントは、それらの事件が主人公や彼女の成長に影響や衝撃を与えた出来事であるということです。この映画では、チーというひとりの女性の成長がこのストーリーの主軸となっています。台湾の歴史的大事件がちっぽけな台湾人個人におよぼす影響など、大したことはないと思われるかもしれませんが、実際はとても大きいのです。制作当時、私が参考にした映画は『フォレスト・ガンプ』でした。

高　同世代ということで興味があるのですが、１９７５年生まれは、日本では一般的に「ロスジェネ世代」と呼ばれています。就職氷河期世代にあたり、前世代同様の受験戦争も経験して能力があるにもかかわらず、苦難を強いられて、独特の閉塞感があると言われています。台湾では、

この世代は大きく時代が変わる「うねり」に並走するように生きてきたと思いますが、監督はどんな世代だと認識されていますか。

宋　私たちは「サンドイッチ世代」なんです。13歳で戒厳令が解かれて、思春期が始まりました。それまでの教育で国民党を信じ切っていましたから、映画の主人公チーと同様に、自分は中国人だという認識でした。高校生になって、さまざまな思想が入ってくると、まるで北朝鮮にいるみたいだったのだと気づきました。私自身が、台湾の民主化とともに成長してきたんです。今の20代はアイデンティティに問題がなく、自分は台湾人だと思っています。でも私はというと、中国人なのか、台湾人なのか……。若い人に昔の教育の話をすると笑われます。小さい頃に信じていたことが、笑い事なんです。一方で、私の親の世代は、中国は台湾に統一されるべきだと、まだ思っています。二つの世代に挟まれて、アイデンティティが揺れている世代……。でも、この世代しか持っていない感覚がすごくドラマチックだと思っていて。だから映画にしたいと思いました。

池　特に私たちの世代は、女性としてもサンドイッチかもしれませんね。母として、働く女性として……どの道を行くのか、アイデンティティの選択肢がたくさんあって。文化的にも、東洋と西洋に挟まれていると感じます。

宋　女性という観点では、台湾では女性監督自体が非常に少ないんです。女性であるというだけで、嫌ってくる男性監督もいるくらい。私にしても、45歳で今回が初めての長編作品です。日の目を見たのがこの年齢……性別の壁に阻まれていると感じますね。一方、私の夫は45歳の学者ですが、上の先生には若手と扱われ、20代、30代からは追い上げられている。新しいアイデンティティの世代に脅かされている点は、男女差がないとも感じますね。

映画で描かれた主なできごと

1975年　蒋介石総統死去

1978年　蒋介石の長男・蒋経国が総統就任

1979年　「美麗島事件」勃発

1981年　党外勢力の陳水扁らが台北市議に当選

1986年　「民進党」結成

1987年　38年間におよぶ戒厳令が解除される

1988年　蒋経国総統死去／副総統の李登輝が総統就任
「呉鳳神話（原住民族の首狩りに関する説話）」が教科書から削除される
「520事件（農民デモ隊と警察との衝突）」勃発

1990年　小中学校で郷土教育が開始

1991年　「独立台湾会事件（独立派に対する不当な暴力的逮捕拘束）」勃発
台北駅などで激しい抗議集会

1994年　陳水扁が台北市長に当選

1996年　初の国民直接総統選挙を実施
李登輝が台湾初の民選総統になる

1998年　台湾省が凍結される

1999年　台湾大地震発生

2000年　総統選挙を実施
民進党の陳水扁が当選し初の政権交代が行われる

2001年　小学校で「郷土言語」教育が必修化

2004年　総統選挙で陳水扁が再選

2008年　総統選挙で国民党の馬英九が当選

2012年　総統選挙で馬英九が再選

2014年　「ひまわり学生運動（海峡両岸サービス貿易協定に反対する学生による立法院占拠）」発生

スタジオを起ち上げてのアニメ映画制作

池　私は声優なので、スタジオを起ち上げたと伺って、どのようにアニメを制作なさったのかが気になっていました。台湾にはそれまでアニメスタジオはなかったのですか？

宋　ありました。でも下請けがメインだったので、ストーリーよりテクニックを重視するところがあります。当初は各スタジオを回りましたが、私のストーリーは理解してもらえなかったですね。特に今回は、実写映画の感覚で制作したかったので、伝わりづらかったようです。最初から携わってくれたのは30代の2名の男性です。テクニックは抜群で、ストーリーにも理解がありました。そこで、まず彼らに20～40代のベテランアニメーターを集めてもらいました。でも、そのスタッフ達にはストーリーが伝わらなかった。すると、最初の2人がシーンを変えろと私の方を説得してきたんですよ。例えば、お弁当を父親に届けるシーン。

池　あのシーンだけが、主人公が本心を伝えられるシーンでしたよね。雨がそれを助けてくれるという。

宋　そうです。でも私以外の全員が、なぜ父親は自分で弁当を買わないのか、と言ってきたのです。一事が万事そうで、大変でした。

それでベテランの方々とは別れて、新卒の若者を雇いました。今度は、新人ゆえに教育が大変でしたが……振り返れば、これらを乗り越えなければこの映画は完成しませんでした。途中からは、自分はクリエイターなのだから、やりたいことを成し遂げるために、スタッフにそれを伝え、自分のストーリーを変えてはならないと考えるようになりました。

池　スタッフは何人くらいいたのですか？

宋　ピーク時は50人いました。このプロジェクトのためのチームでしたので、今は解散しています。

池　監督の元でそうしてアニメ制作を学んだ人たちという

のは、今後の台湾アニメ業界にとってすごい財産ですよね。でもやはり、アニメーターは夢を見がちですね。美術家や映画会社は現実的に資金源を見つけてきますが、彼らはまず予算を作るのが苦手です。アニメは5千万元（約1億8千万円）を超えると興行的に難しいのですが、2億元（約7億2千万円）の予算しか組めないと聞きました。

宋　最初の2名の男性は、今も制作を頑張っています。

池　日本では完全な分業ができていて、予算を組む人、マーケティングの人、制作、声優……と細分化されています。でもだからこそ、チームみたいな映画はできないと思うのです。メソッドに縛られているところはあると思います。

宋　私はそれこそが成熟だと思いますよ。本当はそこを目指しているのです。台湾ではテクニカルなアニメーターとしては良い給料をもらうことができるけれど、もっとクリエイティブな仕事がしたければ、やはり海外に行くしかない。だから私が知っている才能のあるアニメーターはみんな海外に行ってしまいました。私が撒いた種も行ってしまった。スタジオを解散するときはすごく悲しかったです。

池　演者の方はどうでしたか？

宋　台湾にも声優はいますが、ほとんどが日本アニメの吹き替えや、テレビCMのナレーターです。アニメの声優という意味では専業がいません。専門学校も、テレビ局のアナウンサークラスになります。それもあって、今回は俳優を起用しました。それを日本アニメのファンには怒られましたが、求める演技が全く違うので、そこは譲れませんでした。この映画はアニメファンだけではなく、映画ファンにも見てほしかったのです。映画が好きな人は、吹き替えの演技は好まないのではと考えました。

池　声優は声だけで10段階で10の演技をするので、登場人物の生き方や人物像を見せたいというときには、声の演技が控えめな俳優を起用することは日本でもあります。収録はどのように行ったのですか？

宋　音声は事前収録で、アニメーターが演技を聞いてから

制作したので、感情を理解して作ることができたと思います。台湾では絶対に行なわない手法ですが、役者のパフォーマンスを落とさないために必要でした。キャラクターは日本アニメの動きを参考にしています。点と線に気を使いつつ、細かい動きまで描写するため、私の動きを録画して、それを絵にしました。

池　この映画は光がすごく独特で、海外を含めても、なかなかない表現だと思いました。懐かしい感じの温かい光によって、本当の台湾を描いているアニメですよね。

宋　光は新海誠さんの映画を意識しました。でも、日本の光と台湾の光は異なります。日本は空気がきれいで透明。台湾の空気は濁っていて、拡散するので光が柔らかいですね。アニメーターにはなぜそこまで光にこだわるのかと言われました。彼らは鮮やかな光を描きたがります。それに、台湾の光がどんな光かを考えたことがなかったのですね。これまで見てきたアニメでイメージが固定されてしまって、台湾の光を見ていなかったのです。

池　それは日本でも問題になっていると思います。アニメのイメージが固定されすぎて、演技や描写が一辺倒になっている。制作側もいろいろなものを吸収して、表現の幅を持たせられたらと思います。

宋　これを機に、世界各国のアニメ監督と交流する機会を持てましたが、優秀な監督はアニメだけでなく、たくさんの実写映画や、周りの人物をよく見ていますね。

池　吸収したものをアニメでどうアウトプットするかが、作品を作るのですね。そういえば、昨日映画の舞台になった幸福路へ行ってきました。台北の郊外の、わりとどこにでもある風景なんですよね。でも映

監督の動作を実際に撮影して描き起こされたというアニメーション。男性キャラの動作は男性スタッフに行ってもらった。

画を見てから思い出すと、その裏側にはちゃんと時間が流れていて、住んできた人がいて、今のこの通りになっているんだなって実感できました。

宋　そう聞くと、監督としては本当に理解してもらったんだなと、感動します。映像を作るのは、人とコミュニケーションを取りたいからですから。

高　今回すごく実写映画を意識された画作りだなと思いました。エッセイを読みましたが、京都で映画を学んでいたとか。

宋　はい、京都大学で映画理論と分析を学んでいました。京都文化センターで小津安二郎さんの『彼岸花』を見たときの経験が素晴らしかったのを覚えています。観客は老人ばかりでしたが、みんなセリフまで口ずさんでいて。何度も見て覚えているんですね。結婚式のラストシーンでは観客も一緒に大合唱！　彼らが見ているのは、この映画じゃなくて、自身の思い出、青春なんだなと。私もこんな映画を作りたいと思いました。

台湾の光を描いた本作品。色味が温かく、全体的にオレンジがかった描写が多かった。

高　次の作品のご予定はありますか？

宋　次の作品は日本の実際の事件をベースにしています。人の心を操る女性や、嫉妬心をむき出しにした表現が登場します。大先輩の監督には「どうしてそんなに女性目線の作品を撮るの」、若い世代には「ストーリーがおばさんみたい」と言われますけれど。特に若い彼らには、感情を扱うドラマは古いと思われるみたい。ここでもサンドイッチです（笑）。でも良い作品を作れば、分かってもらえると思っています。

高　私はすごく観たい！　楽しみにしています。

京都時代のエピソード満載

いつもひとりだった、京都での日々

宋 欣穎 著／光吉さくら 訳
早川書房 1,700円+税
映画を学ぶため2年間滞在した京都での日々は、日本でエッセイにもなっている。

台湾がわかる

映画観てみた！

セデック・バレ
（2011年）

第一部：太陽旗
第二部：虹の橋

発売元：マクザム／太秦
販売元：マクザム
豪華版セルBlu-ray（3枚組）：
¥10,290（税込）

監督・脚本：ウェイ・ダーション
出演：リン・チンタイ／マー・ジーシアン／安藤政信／河原さぶ／ビビアン・スー
ルオ・メイリン／ランディ・ウェン
ダーチン／ティエン・ジュン
リン・ユアンジエ／シュー・イーファン／スー・ダー／木村祐一／春田純一／（特別出演）マー・ルーロン／ジェン・ジーウェイ／田中千絵

あらすじ
台湾中部の山岳地帯に住む誇り高き狩猟民族・セデック族。1895年、日清戦争で清が敗れると、彼らの暮らす山奥にも日本の統治が広がり、平穏な生活は奪われていく。そんな中、日本人警察官とセデック族の若者が衝突したことをきっかけに、長らく押さえ込まれてきた住民たちが立ち上がり……。

事実を元にした
迫力あるエンタメ大作

戦いあう台湾の先住民族と日本、正義と感情の葛藤

日本では思いのほか知られていない、日本統治時代に起こった台湾の先住民族による「霧社事件」をモチーフに、『KANO』など台湾と日本のかかわりを描く監督が手がけている作品。どちらか一方の感情に寄り過ぎず、それでいてどちらの気持ちもわかる。

戦いあうことの悲劇、戦わされている民族、本当に向きあうべき敵の存在などを描きながら、多くの人が楽しめるエンターテインメント的サーガに落とし込んでいる大作。

外省人の暮らす街
眩しい群像劇の傑作

4時間に及ぶ長編ながら、痛々しいほどの緊張感や感情があちこちで光を放つ傑作。太平洋戦争後、外省人がわたってきた牯嶺街で少年少女やその家族は複雑な思いをそれぞれ抱きながら暮らしている。当時の音楽・映画撮影シーンや、日本刀やラジオなどの要素が人の感情をゆさぶり、運命を翻弄していくさま、すべてが美しい作品。

あらすじ

1960年代初頭の台湾。外省人の少年シャオスーは、不良軍団のボスの彼女シャオミンと知り合い、淡い恋心を抱くうちに複雑な人間関係に巻き込まれる。

牯嶺街少年殺人事件
（1991年）

販売元：ハピネット
DVD ¥5,800（税抜） BD ¥6,800（税抜）

監督：エドワード・ヤン
出演：チャン・チェン／リサ・ヤン／ワン・チーザン 他

揺らぐ望郷を巡る
ドキュメンタリー

移民先の台湾で生まれ育った日本人「湾生」。これは彼ら家族の肖像と、アイデンティティをめぐる感情を記録した作品。彼らの中にある「ふるさと」は、南国の山の中であったり、終戦後の日本であったり。彼らがどういう人生を送ったかを描く、劇中の淡い手描き風アニメーションも、おぼろげな幼い子の記憶を思わせる。

あらすじ

戦後まもなく生まれ育った地・台湾を離れざるを得なくなり、今なお故郷に熱い想いを持ち続ける日本人「湾生」の再会と発見を追ったドキュメンタリー。

湾生回家
（2015年）

発売元：マクザム／ワコー／太秦
販売元：マクザム　セルDVD：¥4,000+税

エグゼクティブプロデューサー：チェン・シュエンルー
監督：ホァン・ミンチェン
出演：冨永勝／家倉多恵子／清水一也　他

第7章

“やっぱり”食べる”

あれもこれも食べたい　1日3食じゃ足りない！

ジャパーボエ
呷飽沒？
（ご飯食べた？）

わたしにとって台湾の最大の魅力は、やっぱり食べ物。美味しいだけじゃ形容詞が足りない。とびきり、素晴らしく、衝撃的に、人知を越えて、仰天するほど、美味しい。知っている素材、知っている調理法なのに、知らない美味しさに進化する、それが台湾マジック。

街角の12元の肉まんから、超高級食材を惜しみなく使った特別な日のための特別なスープまで。その美味しさの秘密は、台湾の人が食べ物に向き合う時の、真摯で、まっすぐな姿勢にあると思うのです。「美味しい」という一言のためには、軽いお茶でも、がっつりご飯でも、高くても安くても、作る方も食べる方も、労を厭わず。

だからわたしも、真摯に、まっすぐいただかなくては。では心して。

我要開動了（いただきます）！

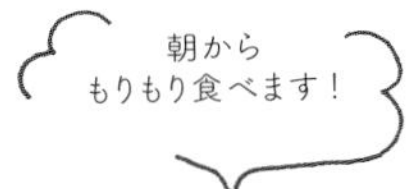

Good Fragrant Dessert Big King

佳香點心大王

鹹豆漿…25元
胡椒葱餅加蛋…31元

断然オススメの鹹豆漿に加えて、是非食べて欲しいのが胡椒葱餅加蛋。胡椒餅の肉アウト、卵焼きイン、です。辛いタレをつけて食べると最高。

MAP P148

Information

台北市文山區羅斯福路六段255號後棟
MRT松山新店線「景美」駅から徒歩5分
4:00〜11:15（月〜金）
4:00〜11:45（土・日）

沁みる豆漿、上がる胡椒葱餅

朝ご飯の定番、豆漿の美味しいお店はあちこちにあって、それぞれ特徴的。ここの鹹豆漿はとろりと濃厚、個人的にあの名店に勝るとも劣らないと思っています。

半籠から頼める小籠包は、あっさりジューシー。ふっかふかのお饅頭に小ぶりな焼餅、冷たくて甘い冰豆漿に油條の組み合わせ、好きなものを好きなように組み合わせて、朝からがっつりいっちゃいましょ。

さらりと甘く、とろりと優しい

台湾で初めて知って、虜になった美味、花生ことピーナツ。花生湯はいわばピーナツのお汁粉。濃厚だけどすっきり、崩れるまで煮込まれた柔らかいピーナツの美味しさったら！家の蛇口からこれが出て欲しい。暑い時期は冷たいのをぜひ。

抓餅（ジュアビン）にするか蛋餅（ダンビン）にするか、焼餅にお肉を挟むか、饅頭にするか。サイドメニューの豊富さも嬉しい。

葱焼餅、お持ち帰りで

Du Te Peanuts Soup Shop

獨特花生湯老店（ドゥーターホァシェンタンラオディエン）

Information

台北市文山區興隆路一段293號
MRT松山新店線「景美」駅から徒歩15分
22:00〜10:30（月〜金）
22:00〜11:00（土）
※日定休

MAP P148

花生湯（ホァシェンタン）（熱）…大50元
油條（ヨウティアオ）…15元

クロワッサンとカフェオレより、断然油條と花生湯派です。相思相愛な組み合わせ。

Jin Da Lu Rou Fan

今大魯肉飯（ジンダールーローファン）

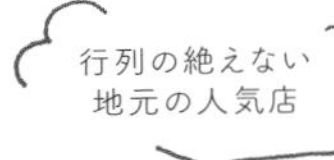

Information

新北市三重區大仁街40號
MRT中和新盧線「菜寮」駅から徒歩10分
6:00～21:00

MAP P148

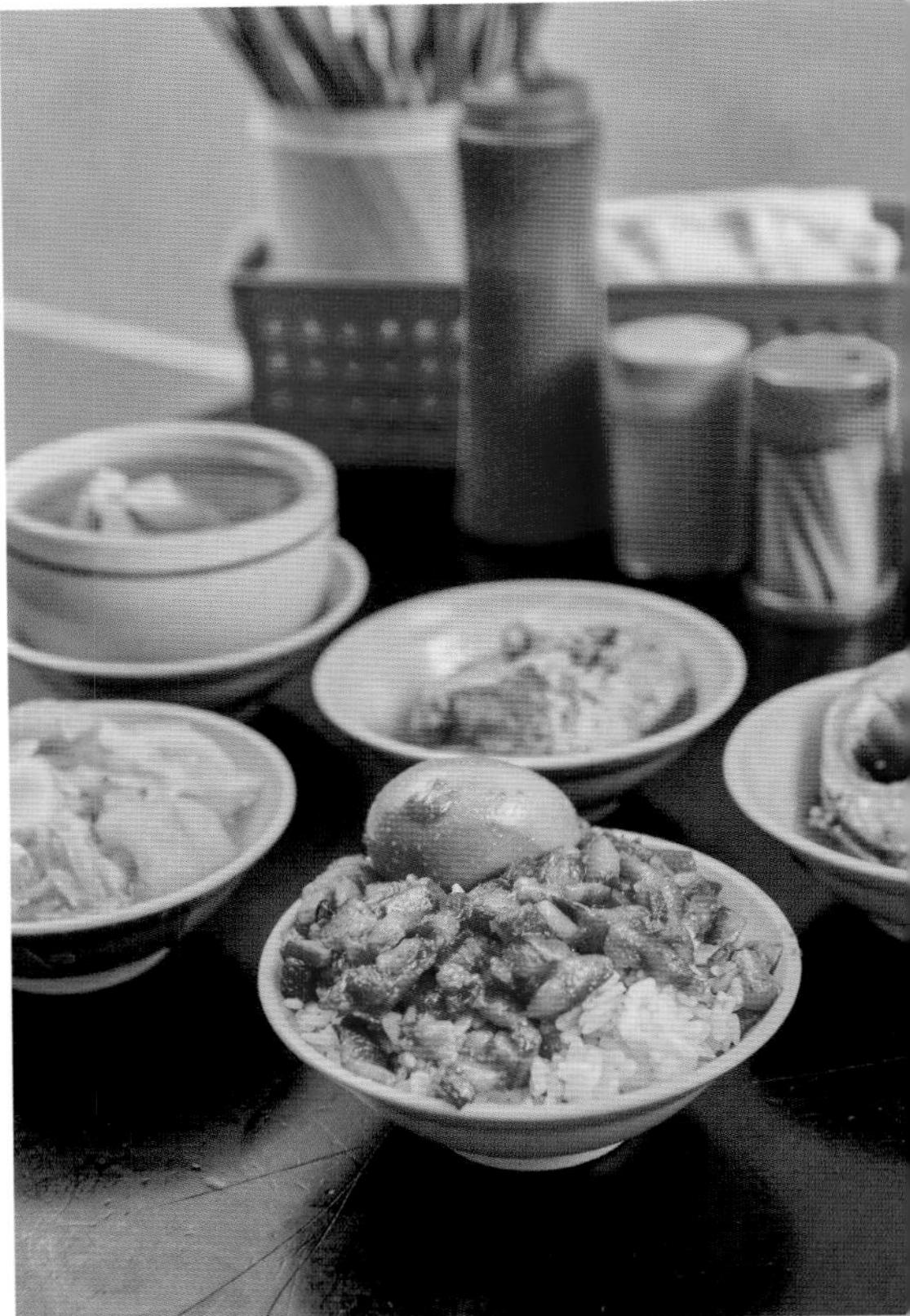

魯肉飯…30元
魯蛋（ルーダン）（煮卵）…10元
（前左）魯白菜（ルーバイツァイ）…30元
（奥左）竹筍排骨（ズースンパイグー）…50元
（奥中）魯豆腐（ルードウフー）…10元
（奥右）魚肚（ユードゥ）…40元

たっぷり盛られた魯肉の神々しさ。ここまで食べに来る価値のあるお味です。

これぞ至高の魯肉飯

美味しい魯肉飯を食べたければ、川を渡れ……そう、ここ三重は魯肉飯屋さんが軒を連ねる激戦区。中でも今大魯肉飯は脂と肉のバランスが抜群。甘さは控えめ、キリッとコクがあって、揚げ葱の風味が良くて。苦瓜排骨や、魯白菜、筍の魯筍絲、味しみしみの卵とお豆腐も忘れずに。

え。まだ胃袋に余裕ある？ だったら迷わずハシゴしましょ。

美味しいと美味しいのかけ算！

チーズ小籠包？ なんでもチーズ入れればグレードアップすると思ってるでしょ？ そんなのしつこくてとても食べられ……お、美味しい！ と、グルメ漫画の敵役的反応が思わず出ちゃう、ここの小籠包。いや、本当に美味しいんです。ほろほろした小籠包のお肉に、チーズのコクが上品に絡んで。注文を受けてから丁寧に一つずつ包む、皮の薄さ、繊細さもお見事。

熱々トロトロを召し上がれ

A Qi Shi Xiao Long Bao

阿琪師小籠包（アーチースーシャオロンバオ）

乳酪（ルーラオ）小籠包…100元
芋頭蛋黄（ユートウダンホアン）小籠包…100元

芋頭蛋黄は、甘いお芋に鹹蛋の塩っ気がすごくあう。小籠包のポテンシャルすごい。

Information

台北市大安區大安路一段41號
MRT文湖線・板南線「忠孝復興」駅から徒歩5分
10:00〜23:00

MAP P152

おいしいよ！

Pick up
サクッと麺類

The Master Spicy Noodle

大師兄銷魂麺舗 忠孝店

（ダースーションシャオフンミエンプ ゾンシャオディエン）

台湾麺界最前線！

台湾にしてはちょっとお高い、でも連日大行列なんです。メニューは、辛い麻辣スープ、白い清燉スープに、しゃぶしゃぶみたいなお肉を入れるか、お肉と牛筋を入れるかの、4種類だけ。それに、甘辛ダレを絡めた麺がつきます。つけ麺にしてもいいし、別々に食べてもいい。もっちもちの麺とスープの組み合わせは、日本と台湾のいいとこ取り。麻辣には是非油條を追加トッピングで。

MAP P148

Information

- 台北市大安區延吉街137巷6-1號
- MRT板南線「国父紀念館」駅から徒歩5分
- 11:30〜14:30、17:30〜21:00（月〜金）
  11:30〜21:30（土・日）

清燉（チンドゥン）&麻辣半筋半肉湯（マーラーバンジンバンロータン）…各280元

個人的な好みは、清燉牛肉湯。あっさりしたお肉は、小皿のタレに漬けるとうまし。

香港の上環と、ここ大稲埕が似ているので、香港スタイルのカフェをオープンしたそう。台湾にいる香港人の憩いの場なんですって。

MAP P150

Information

台北市大同區民生西路404號
MRT松山新店線「北門」駅から徒歩15分
11:00〜19:00(月〜金)
10:00〜20:00(土・日)

Wooo

窩窩（ウォーウォー）

隅から隅まで可愛いくて美味しい

かつての漢方屋さんをリノベした店内は、ノスタルジックでロマンチック。看板メニューのフレンチトーストは、中にピーナツペースト、周りは卵をつけて焼いてあって、甘じょっぱい。4層になったパンはボリュームたっぷり。限定の桃膠はとろりプルプル、ゆり根と煮たリンゴ、龍眼。絶対綺麗になれるやつだ！　オーナーさんが肌つるつるの超美女だったのは、このおかげでは。

西多士（シードゥオスー）…150元

器も独特で可愛い。戰鬥碗は香港のもの。

MAP P149

Chuan Wei Er

老罈香川味兒川菜館

ラオ タン シャンチュアンウェイ アー チュアンツァイ グァン

地獄のように辛くて、天国のように美味しい

辛いものがお好きなら、是非行っていただきたいお店があります。昇天するほど辛くて美味しい、耳から火が出そうなのにお箸が止まらない。辛みと痺れの波状攻撃に目が回る、中毒度かなり高め。

宝探しみたいな重慶毛血旺鍋、ラムの揚げ物牙籤小羔羊、衝撃ビジュアルのおこげとスペアリブの揚げ物吮指神仙骨。水蓮菜やコーンといった辛くないお料理を挟みつつ、思い切り飛んで下さい。

Information

台北市松山區民生東路三段130巷5弄4號
MRT文湖線「中山國中」駅から徒歩10分
11:30〜14:00、17:30〜21:30（火〜日）※月定休

わが最愛の鵝肉よ

愛して止まない魅惑の断面、阿城鵝肉に2号店ができたですと？ 本店の目と鼻の先、すっきり綺麗な店内、こっちは少し空いています。でも、燻製の効いたジューシーな鵝肉、大好きな麻辣血に、鵞鳥油のかかった鵝油拌飯とメニューは変わりません。ああわたし、ここで何回食べてるんだろう……と思いつつ、今回もじゅわっと染み出る鵝肉の肉汁と旨みを噛みしめて参りました。

Acheng Goose

アーチェンアーロウ　ジーリンアーディエン

阿城鵝肉 吉林二店

ザオパイイエンシュンアーロウ

招牌煙燻鵝肉…200元

スモークの効いた煙燻＆柔らかくて食べやすい前半段がオススメ。

スンズシェンシエングー

吮指神仙骨…688元

ごめん、羽根子さん、辛いものダメだったようで、はし休めで頼んだジャガイモも辛い！って言っていた……

イチオシ

ツォンチンマオシエワングォ

重慶毛血旺鍋

1588元

ヤーチエンシャオガオヤン

牙籤小羔羊

438元

Information

台北市中山區吉林路170號

MRT中和新盧線「行天宮」駅から徒歩10分

11:30〜21:00

MAP P149

Pick up
伝統料理

Chiantangtsuen

錢唐村

Information

台北市大安區仁愛路四段122巷48號1樓
MRT淡水信義線「信義安和」駅から徒歩5分
11:30〜14:00、17:00〜21:00

MAP P152

佛跳牆（フォーティアオチャン）…1200元

帆立に魚翅、鮑に金華火腿、山海の旨みを全て詰め込んだ佛跳牆は春節だけの特別メニュー。わたし、これを食べるために生きてきたのかも。

このお店がある限り、台湾に通い続けます

蟹黄豆腐（シエホアンドウフー）、鹽酥鮮蝦（イエンスーシエンシャー）、大蔥焼鴨（ダーツォンサオヤ）、雪菜鮮筍（シュエツァイシエンスン）、そして炒飯、今までどれだけ食べたことか！ いつかメニュー全部制覇してみたい。一口ごとにため息が出ちゃって、日本に帰ってからも夢に見る、それくらい美味しい。今回お料理を教えて貰ってわかりました。その味を支える秘密は、食に手を抜くことなく向き合うこと、丁寧で美しい仕事、そして良い食材を良い調理法で。当たり前だけど、この上なく難しいこと。あと百回は食べたいなぁ。

ただいまと言いたくなる味

実はここ、お誕生日のお祝いをしてもらった思い出のお店なのです。客家料理という郷土料理は、少し濃いめの味付けで、ご飯が進む進む。乾物や保存食を上手に利用した、素朴で懐かしい味。新鮮で甘い巨大海老のお刺身は、頭を味噌汁に入れて出汁を取り、最後にそれを炊き込みご飯にかけて食べる……海老で海老して海老になる、まさに究極の蝦飯。海老ジェノサイドと命名しました。

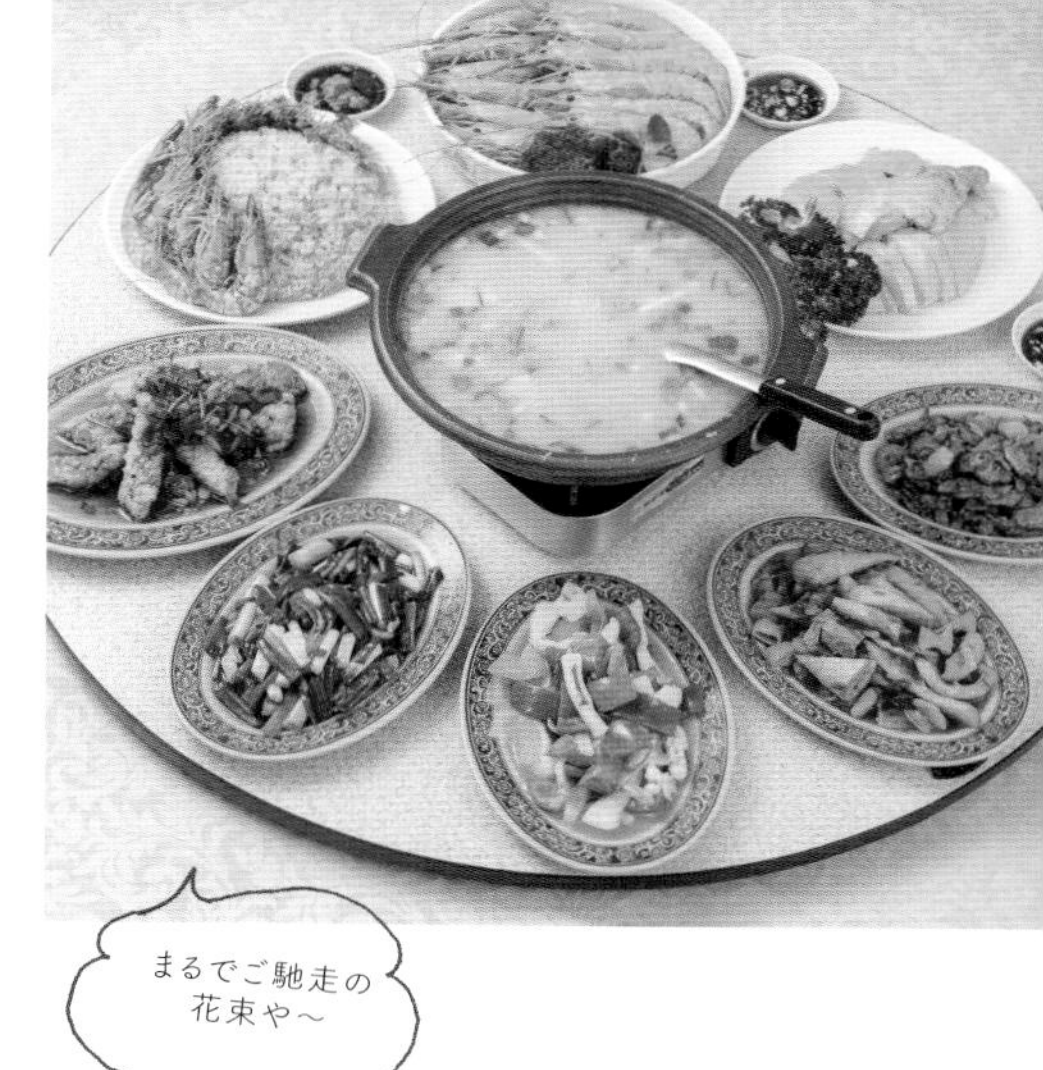

まるでご馳走の花束や～

Wo Jia Ke Jia Xiao Guan

我家客家小館（ウォジアカージアシャオグァン）

Information

台北市北投區中央南路二段14-1號
MRT淡水信義線「奇岩」駅から徒歩5分
11:30～14:30、17:00～21:00（火～土）11:00～15:00（日）※月定休

MAP P148

茶蝦飯（ツァーシャーファン）＋飛魚卵（フェイユールァン）…700元

茶蝦飯はこのサイズしかないので、大人数推奨です。オプションのトビッコ炊き込みはマスト！

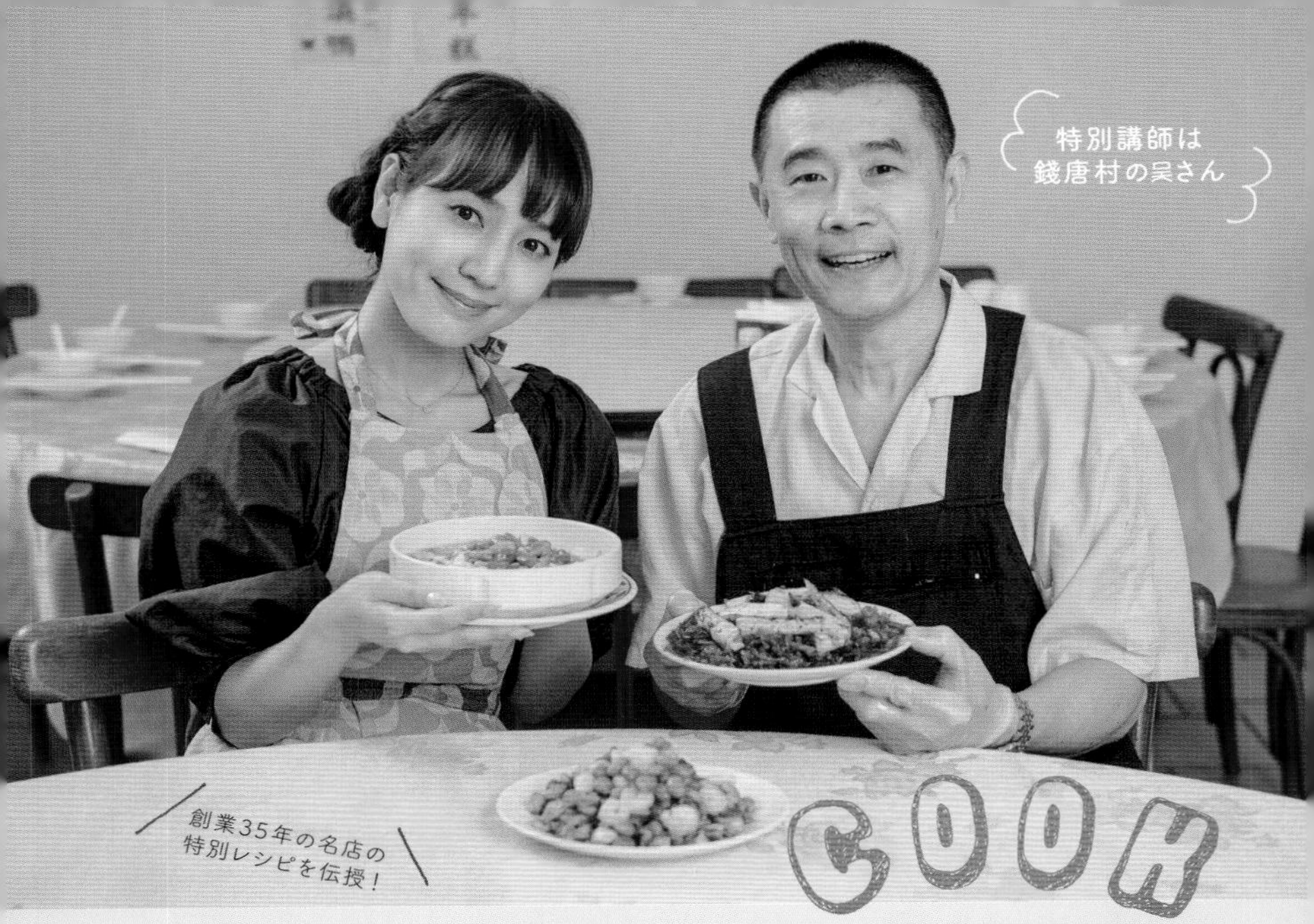
特別講師は
錢唐村の吳さん
創業35年の名店の
特別レシピを伝授！
COOK

台湾料理のすゝめ

わたしが惚れ込んだプロの家庭料理

料理を教わるならここ、と決めていたのが錢唐村。今まで何回行ったかわからない、最愛のお店。年菜という台湾版おせちを習って参りました。

錢唐村は創業35年、以来お休みなく毎日お店を開いています。何より大事にしているのは食材の新鮮さ。だから油少なめ、味つけもなるべくシンプルに。今は台湾も核家族化、共働きが進み、家で年菜は作らないそう。錢唐村のような、昔ながらの調理法を守るお店は貴重です。

老板、まだまだお店続けてね。わたし、これからもずっと食べに来るからね。

絶品料理を
お家でも堪能！

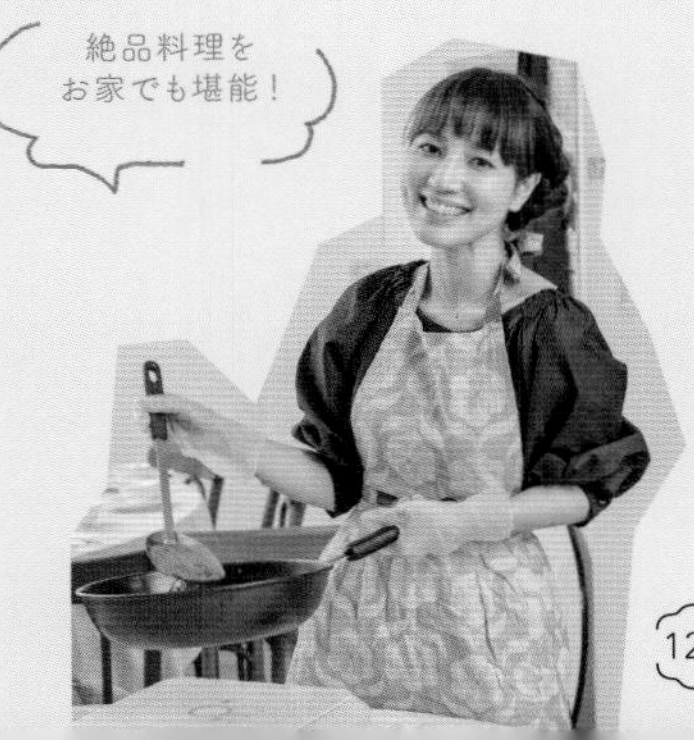

ご飯にも、
お酒にも合います

MENU 1

八寶辣醤（バーバオラージャン）

材料（2〜3人分）

- エビ……………………30g
- 豚肉……………………100g
- 鶏肉……………………100g
- むき枝豆………………30g
- しいたけ………………35g
- ゆで筍…………………50g
- 細ねぎ…………………2本
- 豆干……1/4丁（厚揚げでOK）
- 干しエビ…………お好みの量
- にんにく………………2かけ
- ごま油…………………適量
- 片栗粉、醤油、とき卵 …… 少々

＝調味料（A）＝

- 辣椒醤…………………大さじ1
- 黒豆板醤………………大さじ2
- 醤油……………………小さじ1
- 砂糖……………………大さじ1

1 材料の下準備

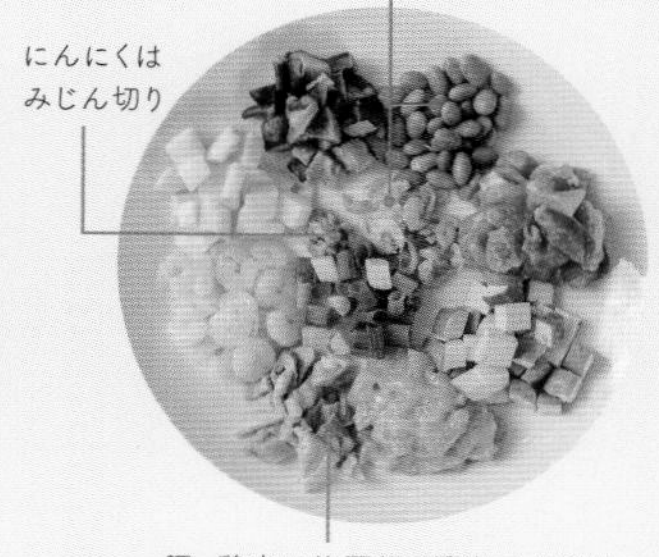

＊具材は1cm角の角切りにする

枝豆は熱湯でさっと下茹でする。干しエビは水で戻し、その水をとっておく

にんにくはみじん切り

豚・鶏肉は片栗粉、醤油、とき卵で軽くもんでおく

2 材料を炒める

浅めの鍋でごま油を熱し、にんにく、豚・鶏肉を炒め、色が変わったら取り出す。同じ鍋に、干しエビを戻した水をを加え、しいたけ、細ねぎを入れて香りが立つまで炒める。

3 調味料を加える

2に豆干（厚揚げ）、筍を入れて炒め、調味料Aを加える。少し水を足し、肉類を鍋に戻して炒め合わせる。

4 枝豆とエビを添える

3を器に移し、下茹でしておいたエビと枝豆を添えてできあがり。

とろりとしたスープが
じんわり美味しい

MENU 2

雞火豆瓣酥（ジーホォドウバンスー）

材料（2人分）

- 鶏肉……155g
- 厚切りハム……30g
- 空豆……150g
- ゆで筍……50g

- 鶏がらスープ……200cc
- 片栗粉……適量
- 塩……少々
- 酒……少々

1 材料の下準備

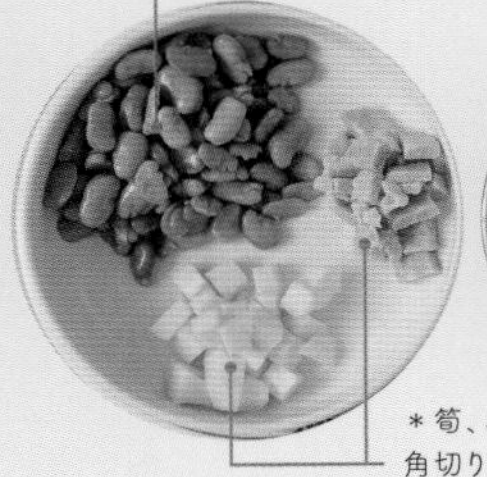

空豆の皮をむき
筋をとる

*筍、ハムは1cm角の
角切りにする

鶏肉は1cm角に切り、
片栗粉、塩、酒に漬け込む

2 鶏肉と空豆に火を通す

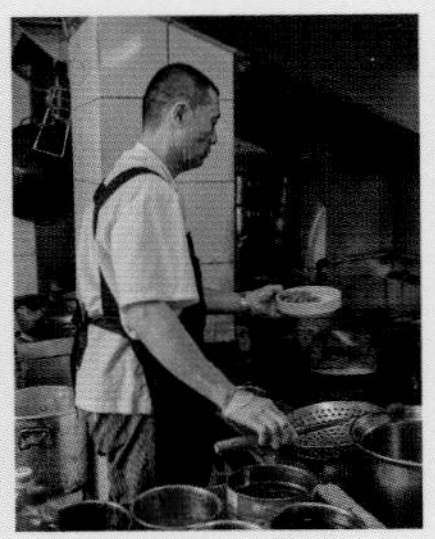

空豆を茹で、すぐに冷水または氷水で冷やす。
鶏肉はさっと湯通しして、鍋から取り出す。

3 鶏肉を鍋に移し スープを注ぐ

鶏がらスープで鶏肉、ハム、筍を中火で煮る。
しばらくしたら、味見をして、塩で味を整える。

4 沸騰直前で空豆を加え 片栗粉でとろみをつける

空豆は鍋の脇で煮て、滑らせるように器に盛り
付けると、緑色が映える。

新筍がベスト！
シャキシャキ食感を
楽しんで

MENU 3

乾煸鮮筍（ガンビエンシエンスン）

材料（2人分）

- 雪菜の漬物…………100g
- 夏筍……………………600g
- ねぎ……………………1本
- 生姜……………………適量

- 砂糖……………………少々
- 塩………………………少々
- 醤油……………お好みで
- サラダ油………………適量

＊雪菜の漬物の代用として
高菜の漬物がおすすめ！

1 材料の下準備

2 筍と雪菜を素揚げする

筍と雪菜の漬物を素揚げする。油が飛びやすいので注意。揚がった雪菜は油を切り、あらかじめ皿に盛り付けておく。

3 筍とねぎを炒める

素揚げした筍をさっと炒め、ねぎを加えて砂糖、塩、醤油をふる。

4 雪菜に3を盛る

皿に盛っておいた雪菜に3を盛り付けてできあがり。

Xiang Ji Chun Tang Ma Shu

祥記純糖麻糬（シャンジーツンタンマースー）

熱々ひやひや甘々もちもち

大好きなピーナツのお汁粉、花生湯と、むちむちのきな粉餅ならぬ花生餅を、氷の上にトッピング。あっつあつのお餅と冷たい氷の組み合わせが絶妙なんです。たっぷり練乳のかかった氷と花生は虜になる美味しさ。お餅だけ、氷と小豆とお餅、お芋入り、色のバリエーションがほぼ茶色と白と小豆色という究極の映えないメニューですが、地味なものこそ美味しいんです。

Information

- 台北市大同區延平北路三段12號
- MRT中和新盧線「大橋頭」駅から徒歩5分
- 16:30～0:00 ※不定休

MAP P150

花生冰（ホァシェンビン）…60元

延三夜市はちょっと遠いけれど、寧夏夜市にも屋台が出ています。お腹いっぱいでも、つい食べちゃう……。

大丈夫、
これは別腹！

西西里瓜冰（シーシー リ ゴァビン）…100元
草莓優酪（ツァオメイヨウルォ）…100元

西西里瓜冰と草莓優酪（苺ヨーグルト）。
ドリンクのすっきり感、体に染み渡る……。

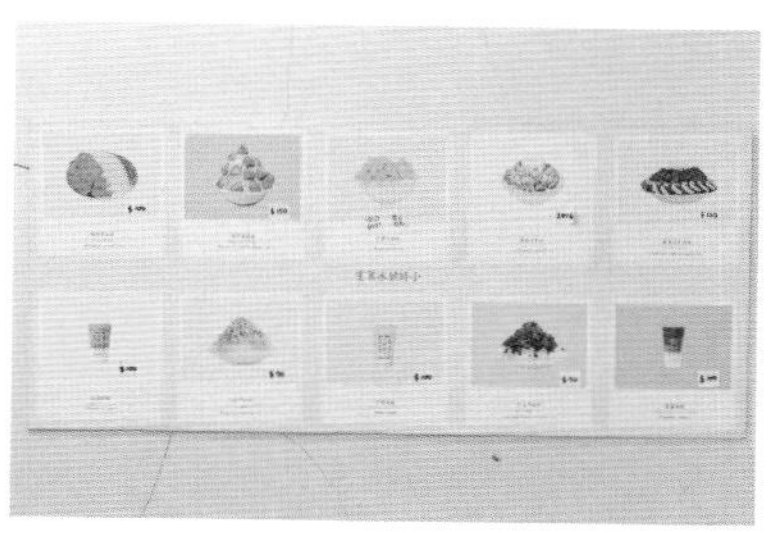

Information

台北市大安區大安路一段51巷39號
MRT板南線「忠孝敦化」駅から徒歩5分
12:00～22:00

MAP P152

Ice Cream Drink Childhood

小時候冰菓室（シャオスーホウビングォシー）

彩りも美味しい三色かき氷

小時候とは子ども時代、という意味。店内はレトロ可愛くて、飾ってあるものにいちいちキュンとします。パンナコッタの載った草苺牛奶冰も好きだけど、西瓜と練乳、抹茶の三色かき氷にしようかな。今流行の雪花冰ではなく、昔ながらのざくざく氷、黒糖シロップなのが嬉しい。練乳は追加もできるよ。豪華な芒果冰ももちろんいいけれど、素朴系かき氷もオススメ。

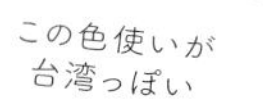

Information

台北市大安區復興南路一段295巷14號
MRT淡水信義線「大安」駅から徒歩5分
12:00〜19:00(月・火・木・金)、11:00〜19:00(土・日)
※水定休

MAP P152

果昔聖代(グォシーシェンダイ)…各150元

すっきり酸味のある鳳梨＆百香果、そのまんま西瓜な西瓜、クセがなくてストレートに美味しい火龍果。

羽根子さん、なぜそんなに渋い顔を……

Mood Easy

木易子食所(ムーイーズスースォ)

血中乙女濃度が急上昇、スムージーパフェ

茶色いものばかり食べてるわけじゃありませんよ。トキメク可愛いものだって大好きです(ただし美味しければ)。ここの果昔聖代は、スイカにパイナップル＆パッションフルーツ、ドラゴンフルーツの3種類。緑茶ゼリーにパンナコッタ、フルーツのスムージーにヨーグルト、スイカの種はなんとチョコレートです。さすがフルーツ天国台湾、見た目も味も良い才色兼備。

三餡（サンシェン）…20元

クレープより薄い皮の中に、紅豆、カスタードに芋頭、3種類の餡がたっぷり。

Tai Jiao Che Lun Bing

太極鰲車輪餅（タイジーアオツァールンビン）

MAP P148

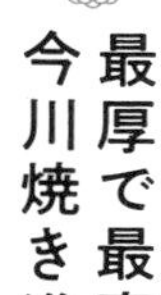

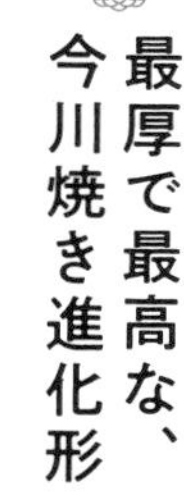

最厚で最高な、今川焼き進化形

台湾の人の食ブログで見つけて、一目で虜になった凄まじく分厚い今川焼き。食べてびっくり、皮が薄い！ たっぷりの具は甘さ控えめ、わたしぺろりと2個半食べました（お昼もしっかり食べてたのに）。鉄板一つで21種類のメニューをさばくお姉さんの凄さ、一番高くても20元という破格のお値段、地元の人に愛されるわけです。起司蛋、高麗菜飯（キャベツご飯）、塩味系も美味。

Information

新北市板橋區漢生西路128號
MRT板南線「新埔」駅から徒歩15分
11:00〜20:30（月〜土）
※日定休

見よ、このこんもり具合！

Haru Column

タピオカ、だけじゃない！ドリンク飲んでみた！

可不可熟成紅茶
KEBUKE
****
白玉歐蕾
白タピオカミルクティー
中55元　大65元

-comment-
さすが紅茶専門店、香りがとても良い！ 白タピオカはあっさりさっぱりで、ミルクティーとの相性が抜群。紅茶が主役、上品で麗しい御令嬢系タピオカミルク。

高貴な白タピオカのおでまし

そりゃもう映えること

花甜果室
BLOSSOMING JUICE
****
火龍老大心頭肉
ドラゴンフルーツ＆バナナ＆ヨーグルトスムージー　115元

-comment-
見た目のインパクトでいったら断然ここ！ もちろん味も抜群で、想像よりさっぱり。誰からも好かれる美少女、な上に性格も良い。ずるい。

迷客夏
Milkshop
****
大甲芋頭鮮奶
大甲タロ芋ミルク
M65元　L85元

-comment-
ふわりほろりと甘い、時々大きなタロ芋の粒があってご褒美的で嬉しい。お腹に溜まるけど、これ好きだなぁ。困った時に相談したい、親友ポジション。

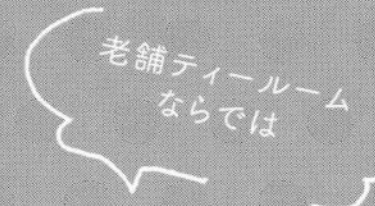

先喝道
****
台灣鐵観音奶茶
鉄観音ミルクティー
50元（タピオカ+10元）

-comment-
鉄観音の香りが素晴らしい。紅茶も良いけれど、中国茶もミルクとの相性抜群なのです。タピオカのモチモチ度も程よい、姿勢の美しい才媛タイプ。

「鼎隆百貨」で買った チャイナシューズ

350元

愛用しているチャイナシューズは、かかとのあるミュールタイプ。部屋履きにも、外履きにも便利。しかもこの可愛さ、この値段！　お友達は先日、お土産分も含め10足購入（笑）

HARUNA'S おみやげコレクション

Taiwan souvenir

行く時は、ひとりでも一番大きなトランク。行きは3分の1しか埋まっていなくても、帰りはぎゅうぎゅう。何はさておき食べ物、可愛い雑貨、夜市で買ったヘンテコな服、台湾はお土産天国。

大稲埕問屋街で買った リボン＆タッセル

永楽布市場周辺は手芸好きには天国。でもきっと手芸をしない人だって、台湾柄のチロリアンリボンや、チャイナボタン、タッセルを見たらテンション上がっちゃうと思います。

「上信饌玉」で買った
夏威夷潛艇
370元(200g)　620元(370g)

ラ・レーヌのまさこ先生が教えて下さった美味しいお菓子。デーツに胡桃は定番の組み合わせだけど、マカダミアナッツにすると食感が軽くて食べやすい。
これ、大好き!

ドラッグストアで買った
「heme」のコスメ
❶ 240元　❷ 330元　❸ 360元

プチプラだけど、色も使い心地も最高。ブルベのわたしはアイシャドウパレットは紅梨、チークはDusty rose、口紅はマットなTwillightを選んでみました。屈臣氏や寶雅にあるよ。

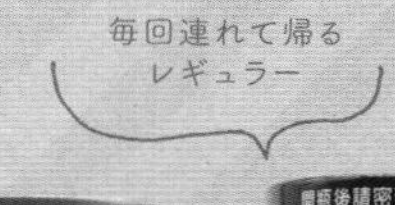

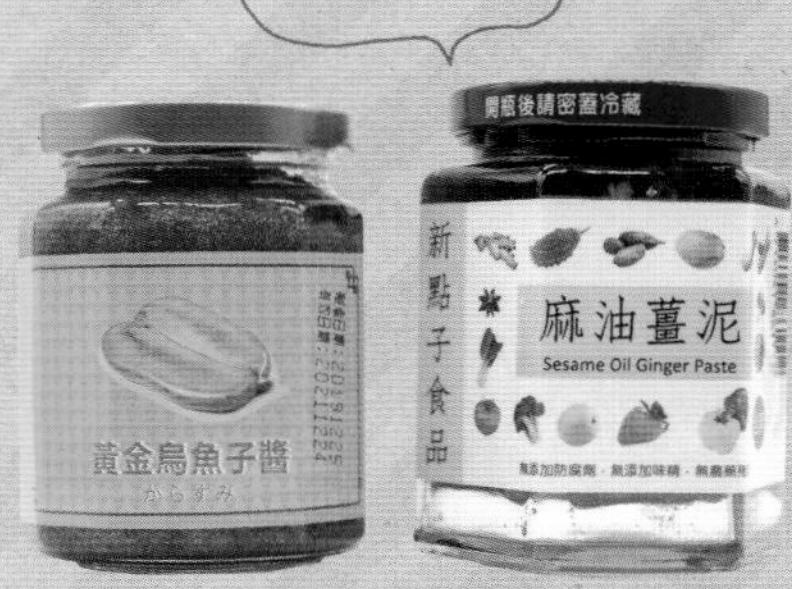

「新點子食品」で買った
調味料類
左:300元　右:250元

最近のお気に入り麻油薑泥は、胡麻油の効いた葱と生姜のソース。蒸し鶏にお豆腐、麺類、お鍋に大活躍。黄金烏魚子醬は、クリームチーズに乗せて食べるとやめられません。

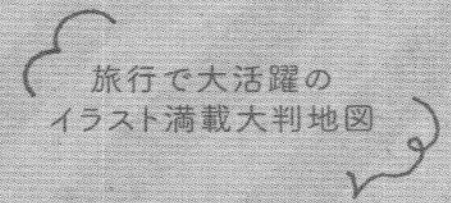

「Bookstore 1920s」で買った
地図
180元

現存しない建物のかつてあった場所が記された地図。大きく開いてカラーイラストも入り、日本語の詳細な解説もあるので、ガイドツアーの時間がない人にも散歩の際に利用価値大。思い出を書き込んだり、写真と一緒に持ち帰ればお土産話にも使える。

「Bookstore 1920s」で買った
写真集『彩絵李火増』
432元

かつての台北、書店があった繁華街の周囲の風景を写した写真が、カラー彩色で収められている。女学生のミシンの授業のようすや、祭りのにぎわい、子どもの笑顔など、字がわからずとも当時のことがよくわかる。

「女書店」で買った
小説『花開時節』
342元

日本統治時代の台湾にタイムスリップした女子高生の物語。作家は台湾の若手の注目作家。女書店の店長さんによると、大変人気とのこと。勉強して読めるようになるだろうか……。

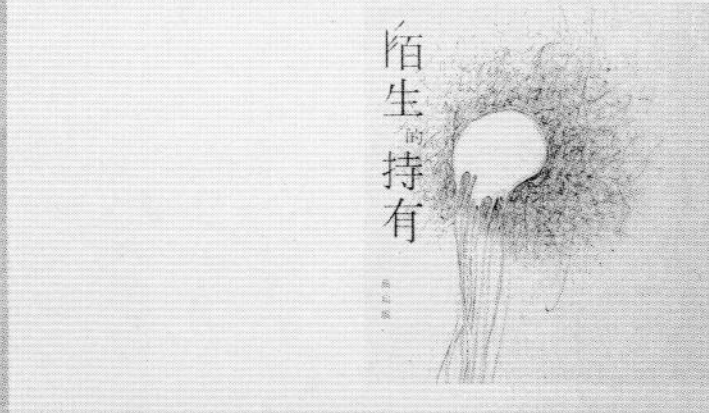

「小小書房」で買った
詩集『陌生的持有』
330元

クラフト紙やトレーシングペーパーで、自由度の高いブックデザイン。もともとの作品は詩だけでなく、スケッチブックなどに描かれた絵も印刷され、まるで本人の創作帳をそのまま見ているかのよう。字が読めなくても、おすすめ。

デパ地下やスーパーで買った
インスタントラーメン&スティック茶

パッケージのデザインがいい、台湾のインスタント食品。日本にはないフレーバーも楽しいし、たくさん入っていて小分けなので、職場のお土産にも気軽でおすすめ。台北駅の地下や、あちこちのコンビニでも手に入るのがよい。

HANEKO'S おみやげコレクション

Taiwan souvenir

人に話をきいたり取材をしたり、美術館や博物館をうろうろしてあまりお買い物には行けなかったけれど、台北には遅くまでやっている スーパーやコンビニがたくさんあり、ちょっとしたお菓子もいいお土産になる。

「小日子」で買った
マスキングテープ&ワッペン

130元、45元

台湾のスーパーにあるような食品や、カフェのイラストの刺繍。たくさん買っても軽くてかさばらないし、手紙に添えることもできる。日本にはない絵柄はお土産にぴったり。

「女書店」で買った
えんぴつ&ノート

30元、50元

ヴァージニア・ウルフといえばこの横顔。海外文学を読む友人にならとてもいいお土産になるはず。鉛筆には、台湾華語と英語で名言が刻印されていて、ナチュラルで使いやすい中にもピリッとしたポイントになっている。

ただいま対談

旅から帰ってきて、どうですか？

なかなかの珍道中だったふたり旅から帰国して1カ月。久しぶりに再会した春菜さんと羽根子さんに、旅の思い出を振り返ってもらいました。本書の中では語られなかったエピソードを、たっぷり披露してもらいます！

高　とにかく無事に帰ってこられて良かった！

池　実は出発時からバタバタだったんだよね。もともと、集合前に私の収録があって、空港に着くのがギリギリのスケジュールだった。そこへ、当日の電車が1時間も遅延して、本当に駆け込みでようやく着いた……と思ったら、とっくに到着しているはずの羽根子さんが、なんと違うターミナルで待っているという。

高　そうそう。みんな遅いなぁみたいな（笑）。

羽根子さんが訪問した
桃園国際棒球場

池　本来は空港の取材もするはずが、搭乗ギリギリ。そのときは本当に行けるのかなって。

高　座席にたどり着いたときには感動しました。機内のキウイジュースおいしかった……。台湾は良い感じのフライト時間で、ちょうど映画1本分くらい。

池　うん。それまでの半年間で私、とんでもない距離のフライトを何度もしていたから、短くて衝撃でした。

高　春菜さん、帰国して中2日で出発したんですよね。（半年間のチリ留学から日本への帰国直後に出発）

池　謎スケジュールでした……。旅の打ち合わせも一時帰国のタイミングとかＬＩＮＥで。本来は私、プレ取材したかった。羽根子さんは行けたって？

高　取材というか、野球を見たかった。

池　そっか！　台湾は野球が人気だものね。前、一緒に台湾旅行したときも行ってた。

お風呂の救世主、
バケツ

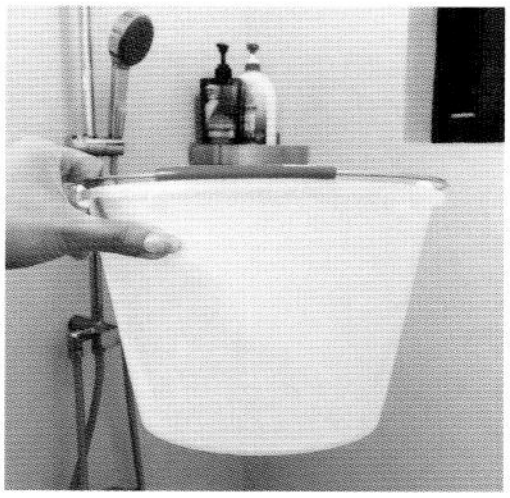

高　本取材のときはシーズンが終わっていて。チケットはオンラインで買えるので、野球ファンのかたはぜひ。

池　一応取材だからしっかりプランを立てて行ったわけですけれど、やっぱり台湾だから、番狂わせもたくさん。まず宿。5階なのにエレベーターがない。さらにお湯が……。

高　シャワーのお湯が熱湯か水。それで春菜さんが出してくれたソリューションが……

池　バケツ（笑）。

高　バケツに熱湯と水を交互にくんで、適温にしてから使うという。

池　バスタブやキッチンの有無は宿選びの優先事項に入れておいた方が良いかも。Ａｉｒｂｎｂは間取りが載っているとさらに便利なのになぁ。結果的に部屋は清潔で明るくて良かったけれど、どれくらいのサイズの部屋がどうつな

たったひとつの冴えたソリューション
コレ死ぬやろ
宿はカワイイけど、
ちょっと古い建物だった(台湾あるある)
ので、シャワーをどんなに調節しても
熱湯OR冷水
どっちかしか出ない。
冷水と熱湯を切りかえながら
間の数秒浴びてた。
夕食会議
どーしよー
スパとか行く?
どっか雑貨店行って
バケツ買ったら
良くないですか?
宿の向かいにある
金物屋みたいな
雑貨店で購入。
25元くらい。
冷水
熱湯
混ぜてザバーってやる。
サンダルとかバケツ傘など売ってる雑貨店が台湾にたくさんあります。
おもちゃラケットかと思ったらハエタタキ
ソリューション
マジソリューションだった!!
ガチャ
イエーイ
結局、最終日までそれで乗りきった。

イラスト:高山羽根子

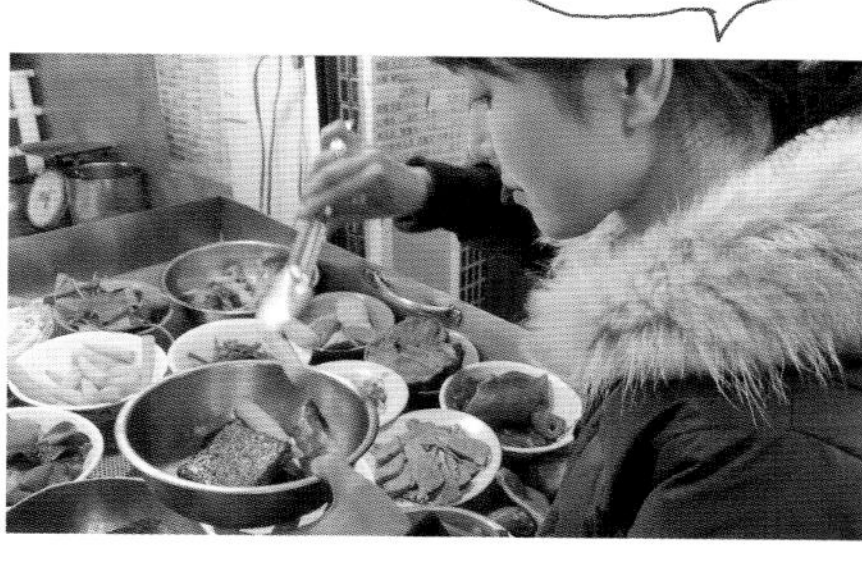

南米帰りでも
ヤングコーンを
つかみ取る
手さばきは健在

がってるかは知りたい。水回りも古い建物だとどうしても匂いがあるので、口コミはしっかりチェックしないと。

高　水も階段も結局、どうしても建物が古いということに帰結しますね。古い建物をうまく活用しているから。

池　そんなお宿だったけど、周辺のお店は充実していたね。到着して最初に行った市場の屋台では、紅油抄手（ホンヨウツァオソウ）というワンタンとラー油を絡めたものとか、滷味（ルーウェイ）という台湾式おでんとか。餅米と豚の血を固めた豚血糕（ズゥシエガオ）、私は大好きなんだけど、羽根子さんも抵抗なく食べてくれて良かった。

高　夜遅くても営業していて、うれしかった。おでんのヤングコーンが忘れられない。

池　屋台だから、ちゃんと箸立てに箸袋のビニールを（風で飛ばないように）差すところがあった。台湾はいち早くビニールストローやレジ袋を廃止した国です。環境への配慮が早いよね。マイ箸とか、マイストロー、私も持ってます。

高　近所の朝ごはん屋さんもおいしかった！

池　2日目の朝ごはんを食べてから、早速取材。ふたり旅だけれど、ところどころ別行動でした。私がお茶会の準備をしているときとか、羽根子さんが持ち込んだ原稿が終わらなくて、お部屋にこもったときとか（笑）。

高　すべての自由時間を原稿にあてました。もう原稿食べてしまおうかと思った……。

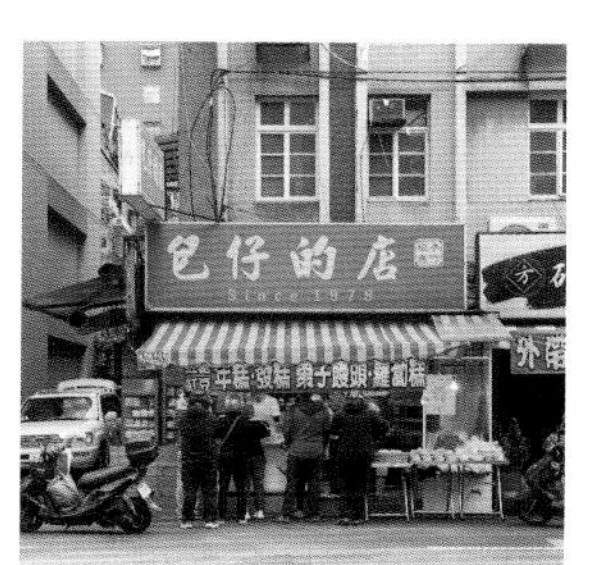

蒸しパンがおいしい
朝ごはん屋さん

宿の電子レンジで
温めてもおいしい

池　私も毎週の収録の合間に行っていたので、実は台本を持ち込んで読んでいたり、朝5時起きで執筆したりしておりましたのよ。

高　健康ツアーでも各先生に言われていましたが、春菜さんの体力は本当にすごい！

池　別々の間に、トラブルなどはなかった？

高　ひとつ心当たりが……。Ｐｏｌｙｍｅｒ（Ｐ92）というギャラリーに向かうとき、タクシーで士林夜市の方をさらに越えて、ずいぶん山奥に入るなあとは思ったんですよ。で、住所の場所に着くと、ぽつんとエビ釣り堀が2軒ある。というか、エビ釣り堀2軒しかない。もう約束の時間なのに……。営業中のエビ釣り堀に入って、取材の約束をしていますと伝えたら「エビ?」と聞かれるし。

池　写真を見せてもらったけど、本当にエビ釣り堀でした（笑）。私は、お菓子教室（Ｐ42）に行ったとき。最初にピーナツ粉に熱した麦芽糖を注ぐという作業があって、すごく熱いから、ここは先生の担当。私は、見てるだけ。ダイナミックなシーンだからぜひ写真に収めたかったのだけど、なんとカメラマンさんがいない！　お店の人に呼ばれて、外観や店内の撮影を促されていたそうで、帰ってきた頃にはすでに作業終了。結局、午後の回にカメラマンさんだけ訪問して、もう一度撮らせていただくという。

高　春菜さんの行ったお菓子教室は大稲埕のあたりですね。ここ、春節前の人混みがすごかった！　道沿いの屋台は飴を山のように積んでいて。

※2020年4月に移転が決定しました。詳しくはウェブサイトをご確認ください。

池　あの飴、通りすがりの人たちがヒョイッとつまんでいくので、最初は驚くよね（笑）。試食ＯＫなの。大稲埕の人混みの中、行ったり来たりしてくれたカメラマンさんはとても大変だったかと……無事に撮影できて本当に良かった。さてでは、羽根子さんが今回一番おいしかったのは？

高　迷うな〜。実は、春菜さんの前の本に載っているということで掲載しなかった、鶏料理店に行きましたよね。あそこが忘れられない。今おかわりしたい。

池　鶏麻婆と、鶏スープの炊き込みご飯！　マッサージの取材時間を間違えていて、ぽっかり空いてしまった時間に、近くということで思いついたのがあそこ。あれもなかなかのトラブルだったけど、絶品プリンで幸せに戻りました（笑）。

高　蝦飯（えびめし）（P125）もおいしかった〜。あれだけ蝦飯を食べて、さらに蝦味噌汁で雑炊して。思い出しおいしいでいつまでも楽しめる。ツイッターに画像を上げたら、あそこは何という店かと知人からＬＩＮＥが来たくらい。

池　お店のかたが雑炊を作ってくださって。お腹いっぱいだよ、もう食べられない〜と言っていたのに、「ん？　大丈夫、これは食べられるわ！」みたいなね。そして実際、あまりにおいしく食べられちゃった……。

中山区の鶏家荘の絶品プリン

高　春菜さんの今回のベストワンは？

池　私ももちろん全部おいしかったけれど、今回は銭唐村の佛跳牆（フォーティアオチャン）（P124）かな。年菜というおせち料理のようなメニューで、あのお店では春節の時期しか食べられないの。でも春節は他のお店が全部閉まっちゃう。これだけ食べるために台湾に来るか、とずっと悩んでいたのです。なので念願！　具材は贅（ぜい）を凝らしたあらゆる乾物で、アワビ、ホタテの貝柱、フカヒレ、あとタロ芋も入ってる。スープは

羽根子禁断の
ポテトチップス

上湯（サンタン）かな。それらの具材を壺の中に封じて、壺ごと蒸すんです。沸騰させることなくじっくり煮込むから、お芋が煮崩れずにおいしさがぎゅっと入って……最低限の塩味と乾物のうまみだけで、全身の細胞においしさが染み込む感じ。

高　口の中がじんわりしてきた。春菜さんの食レポはいつも、よだれがたまる感じ。そういえば、スーパーも行きましたね。お土産コーナーにもいくつか載せました。

池　調味料やお菓子、麺類を見ているだけで楽しいよね。羽根子さん、夜中にポテトチップスを食べているのを私は見逃しませんでしたよ。

高　台湾のスナック菓子おいしい……

池　次にプライベートで行くとしたら、どこに行きたい？

高　今回、すべての取材先でいろんなお話を伺って、とてもお世話になったので、全軒お礼参りしたいくらい。

池　それはそうだね！　今回は台北が中心となったけれど、台湾の人々の気持ちにとてもたくさん触れたので、本のタイトルも「台湾」としました。そうくると、次は台中、台南でもいろんなお話を聞きたいね。

高　ベトナムとかマレーシアとか、カルチャーがあまり知られていないアジアの国々にも、同じような取材をしてみたい気持ちはあります。

池　お互いのテリトリーや切り口が違うから、またこんな試みで旅に行けると良いね。

高　そのときは原稿抱えてませんように……。

池　何はともあれ、楽しい旅行となりました！

高　旅の参考に、少しでもなりますように！

無事に日本に到着！
お疲れさまでした〜

おかえり
台湾
エリアマップ
MRT路線
文湖線
淡水信義線
松山新店線
中和新蘆線
板南線
環状線
航空線
新北投駅
北投駅
我家客家小館
P125
奇岩駅
故宮博物院
淡水河
士林駅
蘆洲駅
士林夜市
圓山大飯店
忠烈祠
中心部
台北市立美術館
松山空港
今大魯肉飯
P118
行天宮
菜寮駅
幸福路
P100
幸福駅
台北駅
松山駅
大師兄銷魂麵舗忠孝店
P120
中山堂
華山1914文化創意
産業園区
頭前庄駅
国父紀念館
龍山寺
中正紀念堂
台北101
象山駅
師大夜市
太極鰲車輪餅
P133
新埔駅
公館夜市
小小書房
P56
頂溪駅
宝蔵巌國際藝術村
獨特花生湯老店
P117
新北市
佳香點心大王
P116
景美駅
南勢角駅
大坪林駅

エリアガイド

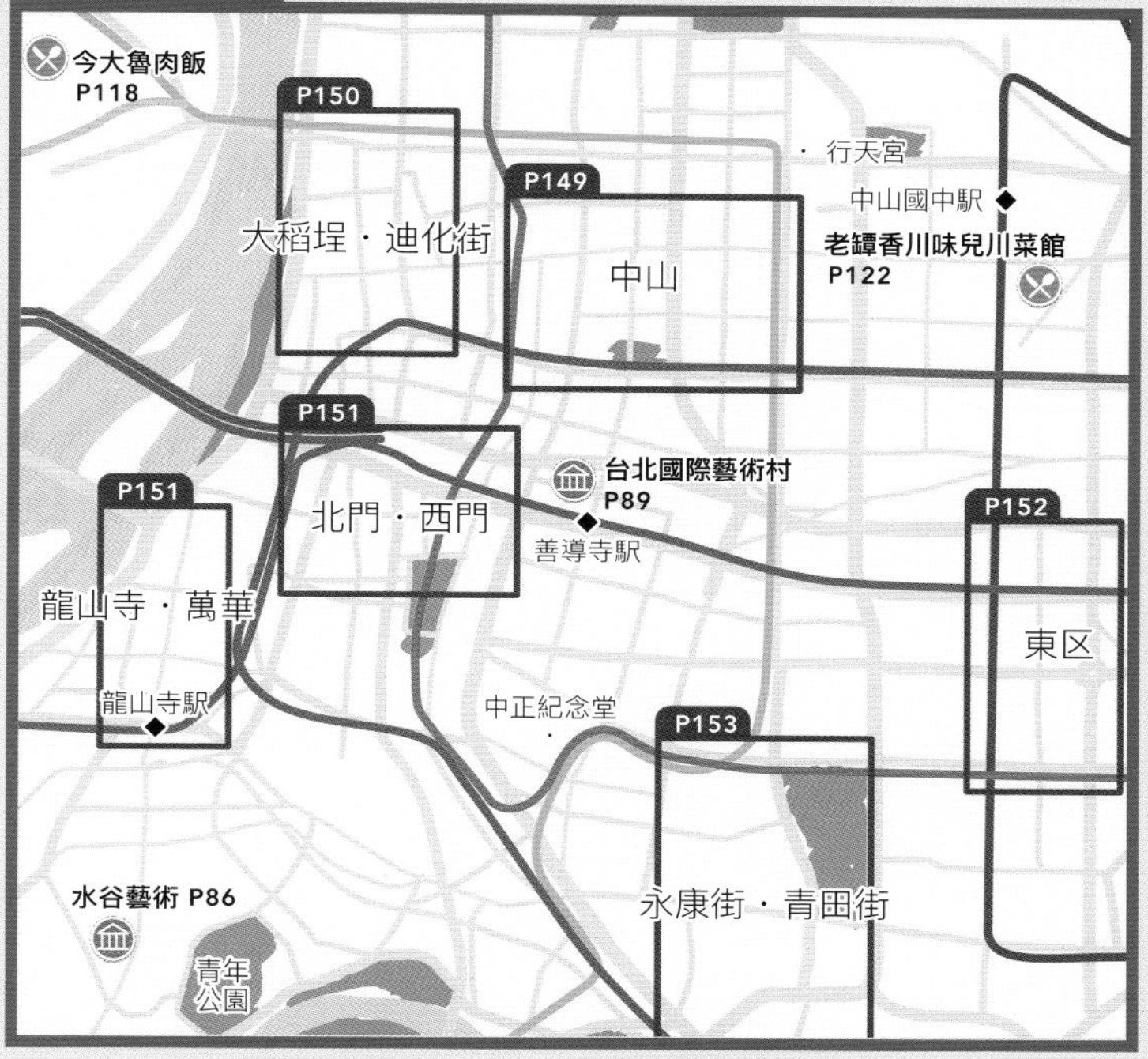

今大魯肉飯
P118

P150
大稻埕・迪化街

P149
中山

・行天宮
中山國中駅
老饕香川味兒川菜館
P122

P151
北門・西門

台北國際藝術村
P89
善導寺駅

P151
龍山寺・萬華
龍山寺駅

P152
東区

中正紀念堂

P153
永康街・青田街

水谷藝術 P86

青年公園

 書店  健康  映画  ギャラリー  食べる

大稲埕・迪化街

祥記純糖麻糬
P130
蘭州公園
延三夜市
大橋頭駅
淡水河
李亭香
P42
延平北路
永楽小学校
太平国民小学校
重慶北路
迪化街
涼州街
大稲埕慈聖宮
台北當代藝術中心
迪化二〇七博物館
P20
甘州街
寧夏路
保安街
大稲埕辜宅
大稲埕公園
OCAC
P82
歸綏戲曲公園
至 雙連駅→
大稲埕碼頭
民生西路
新點子食品
P137
窩窩 wooo
P121
南街得意
P37
朝陽茶葉公園
台北霞海城隍廟
迪化街
寧夏夜市
Bookstore1920s
P54
永楽市場
生元藥行
P66
手芸店街
南京西路

龍山寺・萬華

博物館
茶藝館
書店
健康
映画
ギャラリー
食べる
おみやげ

北門・西門

東区

博物館	書店	映画	食べる
茶藝館	健康	ギャラリー	おみやげ

永康街·青田街

東門駅
鼎泰豐 信義店
大安森林公園駅
大安森林公園
永康街
信義路
金華国中学校
小日子 永康店
P58
金華街
金華公園
新生国民小学校
青田街
錦安公園
青田茶館
P34
国立台湾師範大学図書館
和平東路
師大路
師大夜市
国立台湾師範大学
迷客夏milkshop台北師大店
P135
紫藤廬
P36
泰順街
龍安国小学校
新生南路
可不可熟成紅茶台北師大店
P134
辛亥路
古亭國小籃球場
台電大樓駅
女書店
P50
国立台湾大学

指でさして使おう！

台湾会話 おたすけ集

ふたりが今回よく使ったフレーズをご紹介。
困ったときは、漢字の部分を指でさして伝えましょう！

悠游カード（Easy Card）を購入したいです。

我想買悠遊卡。
ウォーシャン マイ ヨー ヨー カー

100／500／1000元チャージしたいです。

我想要加値100／500／1000塊。
ウォーシャンヤオ ジア ズー イーバイ ウーバイ イー チエン クァイ

悠游カードが反応しません。

悠遊卡沒感應。
ヨー ヨー カー メイ ガン イン

（住所を見せて）ここへはどの出口が近いですか？

請問從哪個出口最近？
チン ウェン ツォン ナー ガ チューコウ ズウェイ ジン

（住所を見せて）この住所までお願いします。

我要到這裡。
ウォーヤオ ダオ ザー リ

建物の手前で降ろしてください。

我要在那邊下車。
ウォーヤオ ザイ ナー ビエン シャーツァー

領収書をください。

請給我收據。
チン ゲイ ウォー ソウ ジュー

宿で

(予約票を見せて)チェックインをお願いします。

我要辦入住手續。
ウォーヤオ バン ルー ズゥ ソウシュー

日本語を話せる人はいますか？

有會講日文的人嗎？
ヨウ ホエイジャンリィウェン ダ レン マ

お湯が出ません。

沒有熱水。
メイ ヨー ラースウェイ

部屋を変更したいです。

我想換房間。
ウォーシャンホアンファンジエン

(チェックインの後に)荷物を預かってもらえますか？

請問可以寄放行李嗎？
チンウェンカー イー ジーファンシン リー マ

予約をしています。

我有預約。
ウォーヨウ ユー ユエ

おすすめの料理は何ですか？

有推薦的菜嗎？
ヨウ トゥエイジエン ダ ツァイ マ

店内で食べます。

內用。
ネイ ヨン

この料理は辛いですか／甘いですか？

這道菜　辣／甜　嗎？
ザー ダオ ツァイ　ラー　ティエン　マ

持ち帰ります。

外帶。
ワイ ダイ

辛さ／甘さを少なめにできますか？

可以　小辣／少糖　嗎？
カー イー　シャオラー　サオ タン　マ

量を少なめにできますか？

可以做小份嗎？
カー イー ズオシャオフェン マ

メニューをください。

請給我菜單。
チン ゲイ ウォーツァイ ダン

トイレはどこですか？

廁所在哪裡？
ツァースオ ザイ ナー リー

Wi-fiはありますか？

請問有Wi-Fi嗎？
チン ウェン ヨウ ワイファイ マ

パスワードは何ですか？

密碼是多少？
ミー マ スードゥオサオ

残りは包んでください。

請打包。
チン ダー バオ

お会計をお願いします。

買單。
マイ ダン

クレジットカードは使えますか？

可以刷卡嗎？
カー イー スア カー マ

（飲み物の）氷を抜いてください／少なくしてください。

我要 去冰／少冰。
ウォーヤオ チュービン サオ ビン

甘さを半分にしてください。

我要半糖。
ウォーヤオ バン タン

★甘さの量
甘さ10 ･･･正常（ジェンツァン）
甘さ7 ･････少糖（サオタン）
甘さ5 ･････半糖（バンタン）
甘さ3 ･････微糖（ウェイタン）
甘さ0 ･････無糖（ウータン）

★氷の量
ふつう･････正常（ジェンツァン）
少なめ ････少冰（サオビン）
氷なし･････去冰（チュービン）

正常 Sugar 100%
少糖 Sugar 70%
半糖 Sugar 50%
微糖 Sugar 30%
無糖 Sugar 0

大人1枚お願いします。

請給我一張票。
チン ゲイウォーイー ザンピャオ

営業時間は何時までですか？

營業時間到幾點？
イン イエ スージエンダオ ジーディエン

日本語のパンフレットはありますか？

請問有日文目錄嗎？
チンウェンヨウ リィウェンムー ルー マ

日本語のオーディオガイドはありますか？

請問有日文語音導覽嗎？
チンウェンヨウ リィウェンユー イン ダオラン マ

写真を撮っても良いですか？

請問可以拍照嗎？
チンウェンカー イー パイ ザオ マ

便利な声かけフレーズ

感じの良いお店を出るとき
シャー ツー ジエン
下次見
また来ますね

店員さんに声をかけるとき
ブーハオイースー
不好意思
すみません！

人にぶつかったとき
ドゥエブーチー
對不起
ごめんなさい

人に謝られたとき
メイグァンシー
沒關係
大丈夫です

春菜のあとがき

わたしにとって4冊目の台湾の本になります。わたしが大好きな台湾を、もっと好きになって貰いたい、もっと知ってもらいたい。その思いを形にすることができるのは、読んで下さる方々、協力して下さる方々のお陰です。いつもいつもありがとう。

今回は、愉快な旅の仲間もできました。ふたりで見ると、ひとりよりもっと面白い。気がつかなかったことが見えてくる。ふたりで食べると、ひとりよりもっと色々選べる。わ

羽根子のあとがき

東京よりもあったかい場所。漢字がたくさん並んでいて、オランダだったり、日本だったり、中国だったりしたことがある場所。昔から暮らしている多様な民族、動植物がある場所。

ガイドブックでも、小説でも、専門家の研究書でもないような。いろんなことを見て、きいた旅人が、読んでいただいている旅人の皆さんと同じように旅をして、思ったことを書きとめる。そういうエッセイや旅行記の中

たしのエクストリームでハードコアな旅程に引っ張り回された羽根子さんは大変だったと思うけど……でも、また一緒に台湾行こうね。次回食べたいお店も、行きたい場所も、まだまだたくさんあるよ。

食べて、見て、知って、感じる、そして一歩ふみ込む。ふみ込んだその奥は、もっと魅力的で、二歩目三歩目の誘惑が凄い。帰ってきた瞬間に、また行きたくなる。まだまだ、台湾との蜜月は続きそうです。

間のようなものができたら、と思いながら書きました。

ほぼ、春菜さんにくっついていただけのつたない旅人に、多くのお話を聞かせてくれた台湾の皆さんに心からのお礼を。これはほんとうにたくさんの方々がたずさわったことによって作られた本です。

そうして、日本に暮らすたくさんの旅人の皆さんの本になるなら、なお幸いです。

本書のご感想をぜひお寄せください
https://book.impress.co.jp/books/1119101126

読者登録サービス CLUB Impress

「アンケートに答える」をクリックしてアンケートにぜひご協力ください。はじめての方は「CLUB Impress（クラブインプレス）」にご登録いただく必要があります（無料）。アンケート回答者の中から、抽選で商品券（1万円分）や図書カード（1,000円分）などを毎月プレゼント。当選は賞品の発送をもって代えさせていただきます。

■ 商品に関する問い合わせ先
インプレスブックスのお問い合わせフォームより入力してください。
https://book.impress.co.jp/info/
上記フォームがご利用頂けない場合のメールでの問い合わせ先
info@impress.co.jp

- 本書の内容に関するご質問は、お問い合わせフォーム、メールまたは封書にて書名・ISBN・お名前・電話番号と該当するページや具体的な質問内容、お使いの動作環境などを明記のうえ、お問い合わせください。
- 電話やFAX等でのご質問には対応しておりません。なお、本書の範囲を超える質問に関しましてはお答えできませんのでご了承ください。
- インプレスブックス（https://book.impress.co.jp/）では、本書を含めインプレスの出版物に関するサポート情報などを提供しておりますのでそちらもご覧ください。
- 該当書籍の奥付に記載されている初版発行日から3年が経過した場合、もしくは該当書籍で紹介している製品やサービスについて提供会社によるサポートが終了した場合は、ご質問にお答えしかねる場合があります。

■落丁・乱丁本などの問い合わせ先
TEL　03-6837-5016　FAX　03-6837-5023
service@impress.co.jp
（受付時間／10:00-12:00、13:00-17:30 土日、祝祭日を除く）
- 古書店で購入されたものについてはお取り替えできません。

■書店／販売店の窓口
株式会社インプレス 受注センター
TEL　048-449-8040
FAX　048-449-8041
株式会社インプレス 出版営業部
TEL　03-6837-4635

おかえり台湾

食べて、見て、知って、感じる　一歩ふみ込む二度目の旅案内

2020年5月21日　初版発行

著者	池澤春菜　高山羽根子
発行人	小川 亨
編集人	高橋隆志
発行所	株式会社インプレス 〒101-0051東京都千代田区神田神保町一丁目105番地
ホームページ	https://book.impress.co.jp/

印刷所　株式会社リーブルテック
ISBN978-4-295-00867-5 C0026
Printed in Japan

STAFF

デザイン	赤松由香里（MdN Design）
フォトグラファー	歐陽承博 Cheng Po Ou Yang
現地コーディネート	宮地敦子
通訳	呂孟哲 Raymond Lu／譚泳齋 Tan YungChai／李玟瑩 Li WenYing
地図制作	皆川美緒
編集	杉本律美
編集長	山内悠之

 **SPECIAL THANKS**
豊田有紗／伊左治雄悟／黄如廷 Nao Huang／林彥伯 Lin YenPo／邱子殷 Chiu TzuYin